# REALIZE MAIS

## O GUIA PARA ALCANÇAR O SUCESSO

Shiv Khera

# REALIZE MAIS

## O GUIA PARA ALCANÇAR O SUCESSO

TRADUÇÃO
UBK Publishing House

ubook ubk Publishing House

Publicado mediante acordo com Bloomsbury Publishing Plc. Edição original do livro, *You Can Achieve More*, publicada por Bloomsbury Publishing Plc.



COPIDESQUE Gabriela Silva
REVISÃO Pérola Paloma e Mario Felix
CAPA E PROJETO GRÁFICO Bruno Santos
IMAGEM DE CAPA Lightspring | Shutterstock

Dados Internacionais de Catalogação na Publicação (CIP)
(Câmara Brasileira do Livro, SP, Brasil)

Khera, Shiv
Realize mais : o guia para alcançar o sucesso / Shiv Khera ; tradução UBK Publishing House. -- Rio de Janeiro : Ubook Editora, 2019

Título original: You can achieve more : live by design, not by default.
ISBN 978-85-9556-127-4

1. Autorrealização 2. Conduta de vida 3. Sucesso I. Título.

19-30455 CDD-158.1

**Ubook Editora S.A**
Av. das Américas, 500, Bloco 12, Salas 303/304,
Barra da Tijuca, Rio de Janeiro/RJ.
Cep.: 22.640-100
Tel.: (21) 3570-8150

*Dedico este livro...*

*à minha mãe, por ser minha estrela-guia,*
*à minha mulher, que é minha alma gêmea,*
*aos meus filhos e netos, que são os meus*
*relacionamentos mais preciosos.*
*E à Deus, pelas Suas mais belas bênçãos.*

# Agradecimentos

Qualquer realização requer o esforço de muitas pessoas e este trabalho não foi diferente. Agradeço à minha esposa, cuja paciência e apoio foram fundamentais para a realização desta tarefa. Agradeço ao meu pessoal, cujo esforço tornou esta publicação possível.

Muitos exemplos, histórias e anedotas são o resultado de uma coleção de várias fontes, como jornais, revistas, outros palestrantes e participantes de seminários nas últimas décadas. Infelizmente, as fontes nem sempre foram anotadas ou estavam disponíveis; portanto, tornou-se impraticável fornecer um reconhecimento preciso. Independente da fonte, desejo expressar minha gratidão àqueles que possam ter contribuído para este trabalho, mesmo que anonimamente. Todos os esforços têm sido feitos para dar o devido crédito pelo material aqui contido. Se, inadvertidamente, eu tiver omitido alguma autoria, futuras edições darão o devido crédito àqueles que forem levados ao conhecimento do autor.

# INTRODUÇÃO

## REALIZE MAIS E SE TORNE IMPARÁVEL

Uma pessoa com uma atitude positiva não pode ser detida, assim como uma pessoa com uma atitude negativa não pode ser ajudada. Em outras palavras, uma pessoa com uma atitude positiva é imparável. A vida é uma corrida de obstáculos, e muitas vezes nos tornamos nossos maiores desafios. As pessoas atingem **grandes alturas** na vida apenas quando têm um caráter sólido.

### Que tipo de livro é este?

Este livro é um roteiro para uma viagem até **você realizar mais**. Ele ilustra e esclarece para te ajudar a encontrar direção em um ambiente desorganizado.

Reunir fatos é **conhecimento**, interpretar fatos é **compreensão**, e a correta aplicação dos fatos é **sabedoria**. Uma ideia morre se não for seguida. **A melhor ideia não vai funcionar, a não ser que a trabalhemos**. O objetivo deste livro é ajudar a criar uma ação para otimizar o nosso potencial, ou, em outras palavras, **realizar mais...**

O sucesso não depende apenas de habilidades especiais, educação formal ou inteligência superior. O sucesso não é um milagre nem um mistério, é o resultado natural de uma aplicação coerente e contínua de determinados princípios. A diferença entre o sucesso e o fracasso está no grau do nosso compromisso em buscá-los e aplicá-los.

Os princípios deste livro são universais e eternos. Universais, pois atravessam todo país, cultura e religião. Eternos, pois eles estavam aqui antes de virmos e estarão aqui depois de partirmos. Estes princípios são simples, mas não fáceis de implementar. Nenhum deles funcionará se não forem postos em prática.

Embora as mensagens contidas aqui sejam atemporais, devido à sua relevância, elas são desesperadamente necessárias hoje mais do que nunca. Na verdade, este livro cobre tópicos que ressoam na vida de cada pessoa.

Quando chegamos neste mundo, ninguém tem sucesso garantido. Artimanhas não produzem resultados positivos. Existem muitos livros que nos ensinam a planejar, comer e nos vestir para o sucesso, mas esse efetivamente ajuda não só a aprender os princípios do sucesso, mas também a evitar erros que podem custar caro. Praticar diligentemente os princípios deste livro nos ajudará a desenvolver confiança, tornando a vida mais significativa e gratificante. A aplicação desses princípios requer muita autodisciplina e compromisso. No entanto, uma vez aplicados, os resultados são recompensadores e gratificantes.

O objetivo final do sucesso é alcançar a felicidade. Depois de muita introspecção, cheguei à conclusão de que, **para sermos felizes, precisamos de três coisas: SAÚDE, RIQUEZA E BONS RELACIONAMENTOS.**

1. **Saúde:** pessoas que não têm boa saúde podem ser felizes? A resposta óbvia é não. Suponha que você tenha toda a riqueza do mundo e grandes relacionamentos também, mas não boa saúde. Você pode ser feliz?
2. **Riqueza:** por riqueza, aqui, quero dizer riqueza financeira. Há pessoas que acreditam e fazem outros acreditarem que a riqueza financeira não é importante nesse mundo. Claro que

não é o mais importante dos fatores, mas é suficientemente importante para um sustento garantido. Aqueles que dizem que não é importante são estúpidos ou bilionários. Se a riqueza não traz felicidade, a pobreza também não. Não vi muitas pessoas pobres e desamparadas felizes.

3. **Bons relacionamentos:** sem bons relacionamentos, as pessoas sentem um vazio em suas vidas, que pode levar à insegurança ou à solidão. Nunca vi uma pessoa com relações tóxicas ser verdadeiramente feliz. Uma pessoa poderia ter toda a saúde e riqueza do mundo, mas sem bons relacionamentos seria emocionalmente falida.

Se algum dos três itens acima desaparece, como podemos ter felicidade? A pessoa que consegue ser feliz em tais circunstâncias é uma exceção.

Se queremos ser bem-sucedidos e felizes, então devemos estudar as vidas de pessoas bem-sucedidas em profundidade. Se queremos ser saudáveis, temos de estudar os princípios da boa saúde. Se queremos ser ricos, precisamos estudar os princípios da aquisição de riqueza. Se queremos ter boas relações, estudemos os princípios das boas relações.

Onde estaremos daqui a cinco anos **dependerá de vivermos por projeto ou por padrão.**

A maioria das pessoas quer viver vidas extraordinárias. Para alguns, isso significa rendimentos extraordinários. Eles precisam perguntar a si próprios:

4. **São pessoas extraordinárias?**
5. **Estão dispostos a trabalhar arduamente?**
6. **Têm compromissos extraordinários?**
7. **Têm relações extraordinárias?**
8. **Têm uma integridade extraordinária?**

No final das nossas vidas, não queremos chegar a um destino que nos faça sentir que não o escolhemos. Se acabarmos por viver ou fazer coisas que não queríamos, então chegamos **por padrão e não por projeto**. Podemos ou não perceber, mas a vida anda muito depressa. Para evitar arrependimentos no fim, é preciso fazer o tipo certo de escolhas. Precisamos saber quando dizer sim e quando dizer não.

Aprender a ganhar a vida e aprender a viver são duas coisas diferentes. **Este livro nos ajuda a desenhar uma vida significativa**.

Tanto o sucesso quanto o fracasso têm um tempo de vida limitado. Nosso objetivo é sustentar o sucesso e eliminar o fracasso. Não se pode ser bem-sucedido de forma consistente sem preparação. **Se quisermos nos destacar, precisamos fazer algo excepcional** ou nos perderemos na multidão. Este livro nos guia a **fazer escolhas positivas e a evitar armadilhas.**

## Como posso ler este livro?

Por favor, não se apresse a ler este livro. Leia devagar. Pense em todas as páginas. Afaste-se e pense com o conhecimento adquirido — se voltarmos no tempo, tomaremos as mesmas decisões que tomamos no passado? Faça anotações ao lado; destaque e marque o que mais lhe agrada. Divida em três seções: suas metas, as etapas planejadas e um cronograma para alcançá-las. Você deve discutir esses conceitos com alguém próximo. Quando você terminar este livro, suas notas se tornarão o alicerce sobre o qual você poderá construir sua nova vida. Personalize a mensagem deste livro para **realizar mais**.

Ao longo do livro, usei o gênero masculino apenas para facilitar a escrita.

## Iniciar um plano de ação

Se há uma verdade universal que eu gostaria de passar para a próxima geração, é que quando os problemas baterem à porta, devemos olhar para ele e dizer: “Sou mais forte que você. Vou vencê-lo, e isso também vai passar.”

O objetivo deste livro é nos ajudar a criar um plano de ação para **realizar mais.**

Um plano de ação define três coisas:

1. O que você quer alcançar.
2. Como você espera alcançá-lo.
3. A data-limite para realizá-lo.

# 1

# Atitude vencedora

*Os vencedores têm poder. Os vencidos não.*

Como é que, sob as mesmas circunstâncias, algumas pessoas quebram recordes, enquanto outras quebram a si mesmas? A diferença está na **atitude.**

**O sucesso não depende da nossa posição, mas da nossa disposição, que é a nossa atitude.**

> Diz-se bem que o sucesso depende de 10% do que nos acontece e 90% de como respondemos a isso.

## O QUE FAZ UM VENCEDOR

De acordo com um conto antigo, um velho chefe indiano ensinava sabiamente a seu neto sobre a constante batalha que é travada dentro de nós

— entre os dois lobos que existem dentro de cada um de nós. Um é mau, e o outro é bom. O maligno é ganancioso, arrogante e egoísta. O bom é pacífico, feliz, generoso, honesto e compassivo. O neto estava confuso e perguntou:

— Qual lobo ganhará?

O avô respondeu:

— Filho, é uma escolha. Ganha o que você alimentar mais.

As piores batalhas são as travadas dentro de uma pessoa, aquelas que são internas. Para ganhar estas batalhas, precisamos saber quem é o verdadeiro inimigo. Só quando você atacar o inimigo real poderá superar suas batalhas internas.

Quando você quer fugir de seus problemas, tira férias, mas se você não sabe como se livrar deles, você os leva em suas férias, carregando toda essa turbulência dentro de você.

## TODOS NÓS TEMOS DUAS NATUREZAS DENTRO DE NÓS

**A natureza** número um quer fazer o que é divertido e conveniente, que pode ou não ser a coisa certa a fazer e pode até ser autodestrutivo.

**A natureza número dois** nos guia a fazer as coisas certas, que nos levam à felicidade, mesmo que sejam inconvenientes a curto prazo.

Mas é a natureza um que domina a natureza dois. Sabemos o que não é bom e saudável, o que estraga nossas vidas, mas o fazemos de qualquer maneira. As nossas melhores intenções não são suficientemente boas.

Na vida, precisamos superar os vícios que nos derrubam e fortalecer o bem que nos eleva. Muitas pessoas não entendem por que não fazem o bem que querem fazer, e continuam a fazer o mal que não querem fazer. Elas conseguem diferenciar o certo do errado, mas continuam a fazer o que é errado.

Boa intenção com má ação é uma prática comum. Todos nós temos o desejo de ser bons e fazer o bem. Mas, quando nos examinamos, ficamos aquém das expectativas. Se realmente fizéssemos todas as coisas boas que já sabemos serem "certas", então a vida seria um prazer total.

A vida seria muito mais fácil se o mundo fosse dividido entre o bem e o mal. Poderíamos reter o bem e nos livrar do mal. Mas não é assim que as coisas são. A batalha interior é fazer o que é fácil, rápido e conveniente, em vez do que é certo e o melhor a fazer.

> Pensar, acreditar e saber o que é bom não é suficiente. FAZER É.

### ATITUDE É UMA ESCOLHA

Uma atitude positiva não significa que uma pessoa esteja cega aos fatos, nem que tenha que concordar ou aceitar tudo neste mundo. Significa apenas que ela é uma pessoa focada na solução. É a capacidade de ver e farejar uma oportunidade em cada problema. Trata-se de persistência e determinação, não de desânimo e depressão.

### TORNE-SE FOCADO EM SOLUÇÕES, NÃO EM PROBLEMAS

Em qualquer momento da vida, descobrimos novas paisagens, não porque a paisagem tenha mudado, mas porque a vemos de uma perspectiva diferente, e a diferença está em nossa atitude.

A atitude faz toda a diferença. Pode levar ao sucesso ou destruir vidas. Podemos entendê-la melhor se olharmos para a **filosofia da formiga, que dá um exemplo de como olhar para um obstáculo:**

Alguma vez você viu uma formiga ociosa? Provavelmente não. Por quê? Bem, porque:

1. As formigas nunca ficam paradas. Não está em sua natureza. Elas trabalham arduamente.
2. As formigas nunca desistem. Se tentarmos bloquear seu caminho, elas vão por cima, por baixo, pelos lados, mas não vão parar. Por quanto tempo elas tentam ultrapassar o obstáculo? Até

encontrarem uma forma de passar por ele. Então, os obstáculos não as detêm, e eles também não nos devem deter.

3. As formigas pensam no longo prazo. Elas não pensam apenas no verão. Estão ocupadas recolhendo comida e se preparando para o inverno. É por isso que estão com pressa durante todo o verão. Nunca se vê uma formiga ociosa a menos que esteja morta.
4. As formigas vivem em equilíbrio — trabalham durante o verão e descansam durante o inverno. Elas hibernam para conservar energia. Elas sabem quando parar de trabalhar.
5. As formigas são orientadas por objetivos — o seu único trabalho é procurar comida para as suas companheiras. Elas não se distraem. Elas estão concentradas.
6. As formigas podem ter grandes responsabilidades — embora sejam pequenas, as suas contribuições são grandes. Elas conseguem aguentar até cem vezes o seu peso corporal!

A filosofia de uma formiga pode ser concluída em uma frase — **são trabalhadoras, voltadas para o propósito e com visão de longo prazo; não desistem e vivem em equilíbrio.**

## PARA MUDAR A REALIDADE, VOCÊ PRECISA MUDAR SEU MINDSET

Durante uma doença procuramos um médico excepcional, durante uma obra procuramos um engenheiro excepcional e, durante a guerra, procuramos um general excepcional.

O que os torna excepcionais? A atitude. A atitude é mais poderosa do que competências, qualificações acadêmicas, boa aparência, local de nascimento, ligações e todo o resto juntos. Quando falamos bem de uma pessoa, nos referimos à sua aparência, roupa, rosto ou habilitações acadêmicas? Não. Nos referimos à sua atitude.

Imagine que você tenha quatro copos. O primeiro é de plástico, o segundo de cerâmica, o terceiro de aço e o quarto de prata. Se você colocar suco de maçã em cada um deles, o sabor seria diferente por causa dos recipientes? A resposta é não. Não é o recipiente que decide o sabor, mas o que está dentro de cada um.

A atitude é uma forma habitual de pensar e sentir. **É um ponto de vista, um estado de espírito, um processo de pensamento e uma forma de ver as coisas. É o nosso ponto de vista, a nossa abordagem às coisas ou a nossa reação às situações da vida.**

### DOENÇAS DE ATITUDE

Pessimismo e negatividade são tão perigosos ou ainda piores do que as doenças do coração, problemas de pressão, câncer etc. Temos de aprender a lidar com eles.

**Comportamento pessimista:** o que é um pessimista? Um pessimista é bem definido como alguém que vai para a terra do leite e do mel e as únicas coisas que vê são calorias e colesterol. É uma pessoa obcecada por problemas e propensa a problemas. Há algumas pessoas no mundo que lhe dão um problema quando você lhes apresenta uma solução. **Elas têm um problema para cada solução.** Um pessimista diz: "Pode ser possível, mas é muito difícil"; enquanto um otimista diz: "Pode ser difícil, mas é possível". O pessimista se concentra na dificuldade, não na possibilidade.

*Os vencedores procuram soluções para cada problema e os perdedores procuram um problema em cada solução.*

Alguém definiu otimistas e pessimistas brilhantemente, da seguinte maneira: Um otimista é aquele que acorda de manhã, vê o sol brilhar do lado de fora e diz: "Bom dia, Deus". Por outro lado, o pessimista acorda de manhã, abre a janela, vê o sol resplandecente e diz: "Meu Deus! É de manhã". Eles continuam a espalhar a sua atitude pessimista entre os outros como uma peste. Continuam coletando e compilando toneladas de razões pelas quais algo não pode ser feito. Eles continuam a descobrir o que há de errado com as coisas. Nunca querem ver o que está certo. Não procuram por positividade. Continuam à procura de negatividade e ficam encantados quando encontram. Quanto maior o número de negatividade, mais felizes eles ficam. Por quê? Porque encontraram o que procuravam. Eles nunca estimam o nascer ou o pôr do sol, porque estão muito ocupados vendo as manchas na janela.

> As pessoas positivas não só reforçam a sua atitude, mas também a protegem da contaminação.

Por que enviamos o nosso carro para revisão? Nosso carro precisa de manutenção a cada poucos meses e precisamos trocar o óleo e o filtro periodicamente. Essa checagem preventiva aumenta a eficiência e a vida produtiva do carro. As hipóteses de um colapso diminuem e a eficácia aumenta. Você otimiza o desempenho.

A grande questão é: o que há de diferente em uma mente humana? Nossas mentes não precisam ser atendidas periodicamente para rejuvenescimento? Se não, elas não se queimariam e parariam?

**A atitude continua de geração em geração.** Não admira que algumas famílias e sociedades sejam inerentemente positivas, enquanto outras são inerentemente negativas.

### PARE DE SER NEGATIVO E PROCURE O POSITIVO

Aqui está um conto antigo sobre um rei que tinha um amigo íntimo, que sempre olhou para os aspectos positivos da vida. A qualquer coisa que acontecesse, ele dizia: "Foi para o bem". Um dia, o rei acidentalmente cortou seu polegar e seu amigo, como esperado, disse que deveria haver algo de bom nisso. O rei, que estava sofrendo, perdeu a paciência e o mandou para a prisão. Poucos meses depois, o rei foi caçar e se perdeu no bosque. Dentro da floresta profunda, uma tribo o manteve cativo para oferecer como sacrifício aos seus deuses. Ao atar as mãos, o chefe da tribo reparou no polegar que faltava. Sendo supersticioso, ele sentiu que isso seria um sacrifício incompleto que atrairia a raiva divina, e o libertou. Ao voltar, o rei refletiu sobre a observação de seu amigo, "tudo o que acontece é para o bem", e sentiu muito remorso. Foi ter com o amigo e lhe pediu desculpa. O rei disse:

— Você tinha razão. Foi porque perdi o polegar naquele acidente que estou vivo hoje. Mas não foi ruim eu ter lhe mandado para a prisão?

O amigo disse:

— Não, foi para o bem.

O rei queria saber o que havia de bom nisso, e seu amigo respondeu:

— Se não tivesse me mandado para a prisão, eu teria te acompanhado na viagem de caça, e teria sido eu o sacrificado.

Se você analisar a história acima, verá que o objetivo não é ser fatalista, mas sim otimista. Procure a positividade. Um pensador positivo é um otimista. ***Nem sempre podemos mudar as circunstâncias ou as razões, mas podemos mudar a nós mesmos.***

Culpar permanentemente os outros é um erro colossal. Há certas coisas que estão fora do nosso controle. Se há quatro estações — verão, inverno, outono e primavera —, posso transformá-las em duas ou dez? Definitivamente não! Nem posso fazer dos meus invernos, verões dos próximos cinco anos... não funciona assim. Temos de encarar as coisas como elas vêm.

Então, o que precisamos fazer? Temos de mudar a nossa atitude e o nosso pensamento. Assim que mudarmos de ideia, paramos de jogar o jogo da culpa. Quando abordamos o problema real, que está implantado em nosso próprio pensamento, descobrimos que a vida — física, financeira e espiritual — muda para melhor.

W. Clement Stone, proprietário de uma grande companhia de seguros nos Estados Unidos, dizia sempre: "Isso é bom, que grande oportunidade", mesmo quando algo corria mal. Bom, mau, certo ou errado não importava para ele. No processo, ele sempre se esforçava conscientemente para procurar algo bom, e eventualmente encontrava-o. De alguma forma, seu objetivo era converter uma situação ruim em uma boa, em todos os momentos.

> Podemos sempre fazer uma boa escolha numa situação ruim? Sim, podemos!

- Se os outros querem viver uma vida mesquinha, então deixe-os. Mas por que teríamos que fazer o mesmo?
- Se os outros querem discutir sobre coisas insignificantes, então deixe-os. Mas por que teríamos que fazer o mesmo?
- Se os outros querem chorar por coisas mesquinhas, então deixe-os. Mas por que teríamos que fazer o mesmo?
- Se outros quiserem deixar o seu futuro nas mãos de outras pessoas, então deixe-os. Mas porque teríamos que fazer o mesmo?

### A MUDANÇA É DESCONFORTÁVEL

Atitudes são padrões de pensamentos ou pensamentos padrões. Quando pensamos de forma diferente, nossas atitudes mudam. Mas qualquer mudança é desconfortável, mesmo que positiva. Há algumas pessoas que se sentem tão confortáveis em suas "masmorras de miséria" que até mesmo sair para a liberdade é desconfortável. Eles sofrem de "complexo da vítima", e são permanentemente "buscando simpatia".

Aqueles que resistem a uma mudança arranjam desculpas e se rebelam, dizendo: "Eu tenho livre arbítrio", "Eu vou decidir quando quero mudar", "Eu não quero que ninguém me pressione" e assim por diante.

### REALMENTE VIVEMOS EM UM MUNDO LIVRE?

Somos livres para escolher tudo na vida? A resposta é absolutamente não. Na verdade, algumas das coisas mais importantes nas nossas vidas estão fora do nosso controle. Como por exemplo:

- Poderíamos ter escolhido onde nascemos? Obvio que não! Mas aceitamos e celebramos.
- Os nossos pais nos escolheram? Provavelmente não.
- Também não escolhemos os nossos irmãos e irmãs.
- Escolhemos os nossos vizinhos? Nem mesmo países podem

escolher seus vizinhos.

- Não escolhemos o país onde nascemos.
- Podemos escolher o tipo de sapatos que usamos, mas poderíamos ter escolhido o momento em que nascemos?
- Podemos escolher a cor do nosso carro ou roupa, mas não da nossa pele.
- Se tudo só depende de nós, então por que um oftalmologista usa óculos?
- Por que um gastroenterologista sofre de gastrite?
- Por que cardiologistas têm ataques cardíacos e cirurgiões cardíacos passam por cirurgias de safena?

A única coisa em que temos escolha é a forma como lidamos com o mundo. É a nossa atitude.

Bruce Lee, o grande artista marcial, tinha uma perna mais curta que a outra por cerca de dois centímetros e meio, mas não se queixou. Ele era míope e tinha dificuldade em ver um adversário sem lentes de contato ou óculos.

Apesar destas falhas, ele praticava 5 mil socos todos os dias. Não é de se admirar que tenha se tornado uma lenda das artes marciais. Ele fez uma escolha para persistir. Percebeu que tinha um problema, mas escolheu transformá-lo num objetivo.

Bruce Lee disse: "Não temo o homem que praticou dez mil chutes uma vez, mas o homem que praticou um mesmo chute dez mil vezes".

> O pedigree de um cavalo é julgado pela sua criação e treino, não por um estábulo extravagante.

*Aqueles que alcançam o sucesso criam uma antena para atrair pensamentos positivos e um disjuntor para desconectar pensamentos negativos.*

## PLANO DE AÇÃO

- Você é otimista ou pessimista?
- Que três ações você se compromete a tomar para ser uma pessoa mais otimista?

i. ______________________________

ii. ______________________________

iii. ______________________________

Uma pessoa com uma atitude positiva não pode ser detida.
Uma pessoa com uma atitude negativa não pode ser ajudada.
Em outras palavras, uma pessoa com uma atitude positiva é imparável.

# 2

# A vida é engraçada – Vamos começar...

*As linhas na nossa palma da mão não decidem o nosso futuro. Há aqueles sem mãos que não só escrevem os seus próprios futuros, mas também os dos outros.*

**JUNTE O HOMEM**

Um dia, um jovem executivo chegou em casa cheio de trabalho. Ele tinha um menino de cinco anos que queria brincar com ele. O executivo tentou lhe explicar, dizendo:

— Filho, tenho muito trabalho para fazer. Estou atrasado no meu escritório.

O filho respondeu:

— Pai, quando estamos atrasados na escola, eles nos colocam em uma turma mais lenta. Por que não põem você em uma turma mais lenta?

O pai respondeu:

— Não, filho, não funciona assim no mundo empresarial.

Incapaz de entender a razão, a criança insistiu em brincar com o pai. O pai queria encontrar uma maneira de se livrar do pequeno por algum tempo para poder trabalhar. Ele viu uma revista ao seu lado com um mapa-múndi na capa. Chamou o filho, mostrou-lhe o quadro, rasgou-o em pedaços e disse:

— Filho, vai juntar este quadro do mundo. Quando você acabar, vou brincar com você.

Ele sabia que isso não poderia ser feito facilmente e, mesmo que pudesse, levaria muitas horas para completar. O menino foi montar o mapa e o pai ficou ocupado com o seu trabalho. Surpreendentemente, em poucos minutos a criança voltou e disse:

— Pai, já acabei.

O pai ficou chocado e disse:

— Filho, não acredito. Tenho que ver.

Quando o pai viu que tudo havia sido feito perfeitamente, disse:

— Filho, tenho que aprender com você. Como é que você fez isso?

O pequeno disse:

— Foi fácil, pai. Do outro lado da imagem tinha uma foto de um homem. Tudo o que fiz foi juntar o homem, virar o papel e o mundo se juntou.

O que parecia tão complicado e demorado para o pai era literalmente "brincadeira de criança" para o filho, que encontrou uma solução mais simplista. Mas o espírito da história é diferente — quando **as pessoas pensam bem, as coisas se encaixam e as soluções começam a surgir**.

**A vida é engraçada. Enquanto estivermos vivos, continuaremos a aprender a viver.** A vida nos ensina e nos testa continuamente em situações variadas, como o fim de um relacionamento, uma doença grave ou a perda de um ente querido.

Há alguém que não tenha estado em uma montanha-russa emocional enquanto experimentava alguns dos itens acima, ou mesmo todos? Não!

Tais experiências podem fazer com que uma pessoa se torne melhor ou fique amarga. O que uma pessoa pode fazer quando enfrenta uma situação que parece um beco sem saída? Além disso, como é que uma pessoa pode converter os seus contratempos em reviravoltas? Como é que alguns, ao contrário da maioria, são capazes de converter obstáculos em oportunidades e problemas em possibilidades? Eles são capazes de fazer isso porque estão preparados e possuem a "capacidade de vencer", que consiste em suas atitudes, decisões, resoluções e compromissos, entre outros.

### TRABALHE A IDEIA

Uma vez um aluno perguntou ao professor:

— Como posso atingir meu potencial? Quero ser um grande escritor.

O professor perguntou ao rapaz:

— Sabe onde está o maior potencial?

O aluno disse:

— Sim, claro, nas escolas e faculdades.

O professor disse:

— Isso não é verdade. Venha, vou lhe mostrar onde está o maior potencial do mundo.

Ele levou o aluno a um cemitério e disse:

— Olhe para todas estas pessoas aqui deitadas; todas elas tinham um grande potencial. Eles queriam se tornar grandes artistas, atletas, músicos, escritores e empresários. Todos viveram e morreram com a filosofia — "Eu poderia ter feito", "Eu deveria ter feito", mas "Não fiz". Morreram com o potencial que tinham.

Uma ideia morre se não for seguida. A melhor ideia não vai funcionar se não a trabalharmos.

### PREÇO PARA O SUCESSO

Havia um enorme carvalho no centro de uma aldeia. Enquanto os aldeões desfrutavam da sombra fornecida pela grande árvore, eles tomaram a sua existência como garantida, tal como acontecia há décadas. No entanto, um dia, inesperadamente, ele caiu. Os aldeões, chocados, logo fizeram algumas descobertas significativas. Embora a árvore parecesse saudável externamente, os cupins a tornaram oca por dentro. Os aldeões então entenderam que a árvore não tinha se deteriorado da noite para o dia. Eles também perceberam que se tivessem alimentado e protegido a maravilhosa árvore, poderiam ter desfrutado da sombra por muito tempo. Eles perderam a árvore por causa da sua atitude indiferente.

> Se não estivermos dispostos a pagar o preço do sucesso, então, quer queiramos quer não, teremos que pagar o preço do fracasso. Um preço tem de ser pago, aconteça o que acontecer.

Precisamos entender claramente que o sucesso não depende apenas de habilidades especiais, educação formal ou inteligência superior. Se isso fosse verdade, nosso mundo não seria povoado por tantas pessoas sem sucesso, mas altamente educadas e habilidosas.

Se examinarmos as histórias de vida das pessoas bem-sucedidas, descobriremos que elas compartilham algumas qualidades e padrões de comportamento comuns. Portanto, seguir essas qualidades comuns é uma forma de garantir o sucesso. Da mesma maneira, pessoas sem sucesso compartilham algumas características comportamentais comuns. Portanto, podemos nos salvar do fracasso evitando-as.

A sabedoria antiga diz que Deus nos deu duas extremidades — uma para pensar e a outra para sentar. O sucesso depende do "fim que mais usamos".

As conquistas não vêm por padrão; elas são primeiro aprendidas e depois praticadas. O milagre de ser saudável e rico começa com a aprendizagem do processo que leva ao sucesso, que é contínuo até a morte.

Uma boa vida não se mede apenas pelos saldos bancários e bens materiais. Mede-se pela nossa atitude para com a vida. É tanto uma filosofia **quanto** uma ideia pela qual viver.

A vida só vale a pena quando a planejamos. Quando o fazemos, temos a certeza de que alcançaremos resultados incríveis. No entanto, se não planejarmos, há uma forte probabilidade de que nos tornemos automaticamente parte do plano de outra pessoa. Em outras palavras: **devemos viver por projeto e não por padrão.**

Quando as pessoas falham, isso não as torna necessariamente fracassadas. O fracasso pode muitas vezes ser tratado como um desvio, mas não é um beco sem saída. Podemos ter fracassado, mas isso não significa que sejamos fracassados. Portanto, **a probabilidade de fracasso não deve nos impedir de lutar pela possibilidade de sucesso.**

**Os vencedores não têm medo de perder, mas os vencidos têm medo de ganhar.** Os perdedores querem ganhar, mas subconscientemente não acreditam que podem. Por não acreditarem que podem vencer, eles começam com pouco entusiasmo e acabam perdendo de qualquer maneira. Então justificam isso dizendo: "Eu sabia que não poderia fazer, mas dei uma chance", convertendo sua crença em uma profecia autorrealizada. Sabotam o seu próprio sucesso porque têm medo de ganhar.

> A maioria das pessoas vê oportunidades, mas poucas as aproveitam.

**Muitas vezes, um dos momentos mais dolorosos da nossa vida é quando uma oportunidade bate à nossa porta e nos encontramos despreparados.** Se não estivermos preparados quando chegar a oportunidade e só começarmos a nos aprontar quando ela aparecer, será tarde demais.

O sucesso é alcançado quando a oportunidade é complementada com a preparação. No entanto, aqueles que não estão preparados culpam a sorte. Toda vitória é resultado dos seguintes componentes — sacrifício, autodisciplina, trabalho árduo, comprometimento, integridade e responsabilidade, além de nossa disposição de investir tempo, esforço e dinheiro. Só quando estamos preparados com tais qualidades é que podemos obter retornos gratificantes. Não há almoço grátis nesse mundo. Sem preparação, não é possível alcançar o sucesso nem mantê-lo de forma consistente. Obstáculos testam nossa preparação para convertê-los com sucesso em oportunidades.

Michelangelo, grande escultor italiano, conseguiu a maestria ao escolher o trabalho duro e o sacrifício, e rejeitar a mediocridade. Se ele tivesse escolhido a mediocridade, ninguém teria se lembrado dele. Quando aceitamos a mediocridade, nos tornamos pessoas medíocres, com realizações medíocres. Os realizadores mais bem-sucedidos são aqueles que queriam desistir, mas não o fizeram. Quanto maior a nossa preparação, maior é a probabilidade de alcançarmos o sucesso na vida.

Não seria muito melhor se nos preparássemos cedo na vida? É bem-dito que a juventude é muitas vezes desperdiçada. Quando uma pessoa ganha maturidade e bom senso, a juventude desaparece. Considerando este truísmo, os jovens podem levar vidas muito mais úteis e gratificantes.

Os seres humanos não percebem como e quando se tornam adolescentes. Como adolescentes, acreditamos que temos todas as respostas e soluções para os problemas do mundo, sem saber que, na maioria das vezes, nem sequer temos as perguntas certas.

Nos nossos vinte anos, muitas vezes não sabemos onde estamos. Não estamos aqui nem ali, ou estamos aqui e ali. Na casa dos trinta, queremos ganhar dinheiro e sustentar nossas famílias, mas nos perguntamos como é que perdemos os vinte anos. Nos quarenta, os nossos corpos mudam, nossos estômagos tornam-se mais largos, cresce um queixo duplo, a dança já não tem o mesmo grau de sedução, enquanto a música parece ser mais barulhenta do que a melodia. Na casa dos cinquenta, nossos amigos de infância se tornam avós e muitos de nós passam por cirurgias, mas preferimos chamá-las de procedimentos! Aos sessenta, a música ainda parece um som alto. No entanto, já não nos incomoda, pois começamos a perder a audição. Queremos ter calma, mas não sabemos o que é fácil. Aos setenta, nos aposentamos. Tomamos o café da manhã às

11h, almoçamos às 4h e jantamos às 10h. Estamos perdidos! Preferimos passear no shopping como passatempo. Nós gostamos de comer cremes gelados e iogurtes. Perguntamo-nos onde os nossos filhos estão. Nos oitenta, sofremos golpes e nos perguntamos o que vem a seguir. É aí que começamos a perceber que os anos passaram muito mais depressa do que os dias e semanas.

É quando também percebemos que viver uma vida sem sentido é semelhante a simplesmente existir. Na verdade, é estar apenas à espera da morte. Na vida, todos precisam fazer uma escolha todos os dias, entre ficar ocupado com a vida ou esperar a morte.

Só uma vida com sentido dá realização. A vida sem realização é vazia. É como beleza sem bondade.

### CONFUSÃO PERSONIFICADA

Infelizmente, algumas pessoas que vivem vidas confusas esperam sucesso. No entanto, isso não acontece.

Este é um exemplo típico de um pai confuso que escreveu a seguinte carta "hilária" a seu filho: "Querido Steve, por consideração, estou escrevendo esta carta devagar porque sei que você lê devagar. Li no jornal que a maioria dos acidentes ocorrem em um raio de 16km de onde você mora. Então, decidimos nos mudar. Eu não tenho o novo endereço porque a família que vivia aqui levou o número da casa para que não tivessem que mudar de endereço. O casaco que queria que lhe enviar, sua tia achou que era muito pesado para enviar com os fechos. Por isso, cortamos os zíperes e colocamos nos bolsos do casaco. A sua cunhada acabou de ter um bebê, mas ainda não sei o gênero. Portanto, não posso dizer se você será tia ou tio."

Pode parecer exagerado, mas muitas pessoas vivem suas vidas dessa maneira. Essa história é um exemplo clássico de estupidez e ignorância em ação. **Para algumas pessoas, o que parece ser um pensamento claro pode ser nada menos que uma clara confusão.**

Há algo chamado pensamentos distorcidos ou danificados.
Por exemplo:
As pessoas tolas acham que o exercício é inútil. Se estiverem bem, pensam que não precisam disso.
Se estão doentes, que não podem fazer isso de qualquer forma.

---

Há um tipo estranho de confiança que emana apenas da ignorância.

Martin Luther King Jr., um ativista americano pelos direitos civis, disse: "Nada no mundo é mais perigoso do que a ignorância sincera e a estupidez conscienciosa."

Diz-se que "a ignorância é uma benção". Bem, não é verdade. Na minha opinião, a ignorância é miséria e um desastre — pergunte a um advogado ou a um médico, o que não sabemos pode nos machucar muito na vida. A ignorância não é uma benção.

De fato, não há nada mais perigoso do que a estupidez e a ignorância em ação.

Não importa o quanto você tente, **a ignorância não pode ser escondida** e **a sabedoria é revelada**.

As pessoas que habitam o nosso mundo podem ser divididas em várias categorias. Elas podem ser:

1. Faladoras ou fazedoras
2. Líderes ou seguidoras
3. Aquelas que deixam um legado, ou
4. Que deixam uma pilha de problemas

Finalmente, pode haver aquelas que **planejam suas vidas** ou **que vão vivendo suas vidas sem nenhum plano definido**. Todos nós caímos em uma ou outra combinação dessas categorias. Temos de decidir a que grupo queremos pertencer.

Restam mais dois tipos de pessoas com quem compartilhamos nosso planeta — os "buscadores de sucesso" e os "evitadores de falhas".

1. **Buscadores de sucesso:** os que procuram o sucesso são aqueles que têm uma visão e jogam para ganhar. Estão motivados, otimistas e esperançosos. Têm um desejo ardente; têm fogo em suas barrigas. São fazedores, são orientados para a ação. Eles são entusiastas e curiosos. Eles têm um espírito competitivo e terminam o que começam. E continuam a perguntar a si próprios: "E se?", "E se?". Eles querem ser melhores, mais rápidos e mais inteligentes do que os que estão no topo. Eles são obsessivos, comem, bebem e respiram sua paixão, não admira que se tornem imparáveis e acabem sendo vencedores. Eles podem ou não ser bons líderes, mas são **REALIZADORES. Deixam um legado, não importa o que façam ou para onde vão.**
2. **Evitadores de falhas:** Evitadores de falhas são aqueles que passam pela vida jogando para não perder. Agem no desespero. Só têm uma preferência, mas nenhuma convicção. Eles têm uma abordagem muito casual à vida. Desistem ao menor obstáculo. São descontraídos e complacentes, e não são bons líderes nem bons seguidores.

Wayne Gretzky, o famoso jogador profissional canadense de hóquei no gelo, disse: "Você perde 100% das tacadas que não lança."

**Em seguida, há três tipos de pessoas, separadas com base na qualidade do sucesso:**

(a) Sem sucesso
(b) Temporariamente bem-sucedido
(c) Significativamente bem-sucedido

Os significativamente bem-sucedidos são os que têm substância e caráter. **Eles sustentam o sucesso, deixando o mundo um pouco melhor do que como o encontraram.**

Este livro nos ajudará a aprender como ser um buscador de sucesso e não um evasor fracassado!

*Os realizadores reconhecem as oportunidades e as aproveitam.*

# PLANO DE AÇÃO

- Você é um buscador de sucesso ou um evitador de falhas? Explicar para fins de autoavaliação.
- Por favor, reserve algum tempo e reflita sobre as respostas às seguintes perguntas:

  i. Você acha que está levando uma vida significativa? SIM/NÃO
  ii. O que quer que você faça, você faz sem convicção? SIM/NÃO
  iii. Você tem clareza de propósito? SIM/NÃO

- Que aspectos da sua vida você está vivendo sem planejamento?

i. ______________________________
ii. ______________________________
iii. ______________________________

- Liste três lições positivas que você aprendeu e que o ajudarão a viver de acordo com o planejamento.

# 3

# Síntese da vida

## OS PROBLEMAS SÃO UM SINAL DE VIDA

Há quarenta anos, em Toronto, ouvi o dr. Norman Vincent Peale, o autor do livro *O poder do pensamento positivo*, falando. Eu fazia parte do público. Ele devia ter cerca de 1,60 m de altura, e estava talvez na casa dos oitenta anos. O seu discurso influenciou drasticamente a minha vida. O seu entusiasmo e convicção me fizeram rever a definição de "altura" depois disso. Aprendi que nunca devemos medir a altura de uma pessoa do pescoço para baixo, mas sempre pescoço para cima. Sua autoconfiança, marcada pela humildade, me ensinou que confiança sem humildade equivale a arrogância. Ele disse a um público de quase mil pessoas: "Vocês parecem bastante calmos e relaxados, parece que ninguém aqui tem nenhum problema." Então perguntou:

— Alguém aqui tem algum problema?

Bem, quem não tem problemas?

Todos levantaram as mãos. Então ele perguntou:

— Quantos de vocês gostariam de se livrar dos seus problemas?

Todos levantaram a mãos outra vez. Ele disse:

— No meu caminho para esta congregação, encontrei um lugar onde as pessoas estavam deitadas em paz, totalmente relaxadas e estendidas. Elas não tinham problemas, de forma alguma. Quantas pessoas gostariam de saber onde fica este lugar?

Todos levantaram as mãos outra vez. Para surpresa de todos, ele disse:

— A dois quarteirões daqui, há um cemitério onde as pessoas estão deitadas, totalmente relaxadas e sem problemas.

Então perguntou:

— Quantas pessoas gostariam de se livrar dos seus problemas agora?

Ninguém levantou as mãos. O que ele disse depois disso foi perspicaz:

— Os problemas são um sinal de vida. Enquanto estivermos vivos, teremos problemas. No dia em que não tivermos problemas, estaremos mortos.

Quando estamos ficando sem problemas, é tempo de ter cuidado. É tempo de se ajoelhar e perguntar a Deus: "Já não confia mais em mim? Por que não me manda alguns problemas?"

O dr. Peale continuou:

— Não podemos resolver todos os nossos problemas, mas podemos lidar com eles.

Naquele dia, ele fez uma oração de Reinhold Niebuhr, chamada Oração da Serenidade, que tem provavelmente cem anos de idade, e que, para mim, é literalmente a essência da vida.

> Deus, me conceda serenidade para aceitar as coisas que não posso mudar, coragem para mudar o que posso e sabedoria para entender a diferença.

Tenho usado essa oração desde o dia em que a ouvi e ela tem sido uma fonte de grande força para mim. Se analisarmos esta pequena oração, descobriremos que contém o **símbolo da vida pela qual viver**. Vamos analisá-la linha a linha.

A primeira parte: "Deus, me conceda a serenidade de aceitar as coisas que não posso mudar": há algumas coisas na vida que não podemos mudar. Estão fora do nosso controle e são chamadas de destino. Por exemplo, não escolhi os meus pais. Também não decidi onde ia nascer. Não escolhi a cor da minha pele, nem a minha altura. Não escolhi o meu sexo, a minha data de nascimento ou a minha data de morte. É assim que as coisas são. Às vezes as pessoas nascem com uma deformidade física. Às vezes coisas más acontecem a pessoas boas. Que mal fizeram eles? Quem sabe? **Não podemos escolher as cartas que nos são distribuídas; só podemos escolher como jogar o jogo**. Assim como não podemos escolher a direção do vento, mas podemos sempre escolher como velejar. Às vezes a vida nos dá um limão; a escolha entre chorar e fazer uma limonada é nossa!

Não esqueçamos que temos de encontrar um equilíbrio entre o que temos de aceitar e o que podemos mudar. Muitas vezes, continuamos a lutar contra as coisas que não podemos mudar ou que estão fora do nosso controle, e ao não as aceitarmos graciosamente, trazemos estresse para as nossas vidas. Se não podemos mudá-las, então devemos aceitá-las graciosamente, não de má vontade. Aqui, o comportamento adequado é a aceitação e a rendição. Rendição não significa que estamos derrotados, mas apenas que aceitamos graciosamente. Temos também a opção oposta, de não aceitar e ficar chateados.

Se perdermos o nosso voo, temos a opção de ficar furiosos, gritar e ficar frustrados, ou simplesmente aceitar graciosamente. Seja como for, a realidade continua a mesma, independentemente de a aceitarmos ou não. Esse resultado não foi nem desejável nem intencional. Conta como uma bênção, então.

Uma vez perguntaram a Helen Keller:

— Por que você fez tais contribuições ao mundo apesar de ser cega, surda e muda?

Ela comunicou:

— Não foi apesar, mas por causa de.

Em outras palavras, se ela não fosse cega, surda e muda, provavelmente não teria dado tais contribuições ao mundo.

A segunda parte da oração: "[Dai-me a] Coragem para mudar as coisas que posso": se eu posso mudar isso, então por que se preocupar com isso? Dá-me coragem para mudar.

E a última parte da oração, "... sabedoria para entender a diferença": não deve haver qualquer confusão entre o que posso mudar e o que não posso. É a sabedoria que nos ajuda a fazer as escolhas certas e torna a vida habitável.

Há dois mil anos, o filósofo romano Cícero havia dito que tudo na vida se encaixa em duas categorias:

1. **Coisas que podemos fazer e...**
2. **Coisas sobre as quais não podemos fazer nada**

Se analisarmos a filosofia de Cícero, descobriremos que, se pudermos fazer algo a esse respeito, por que nos preocupamos? E se não podemos fazer nada quanto a isso, então por que nos preocupamos? Está para além de nós.

O que Franklin Roosevelt disse apenas reforça a essência da filosofia de Cícero: "Os homens não são prisioneiros do destino, mas apenas prisioneiros das suas próprias mentes".

Muitas vezes, as circunstâncias externas são o resultado do nosso processo de pensamento. Isso não significa que estejamos cem por cento no controle das nossas circunstâncias. A nossa vida é resultado do **destino** e do **livre arbítrio**.

1. **Destino são as cartas que nos são dadas (não a nossa escolha)**
2. **O livre arbítrio é a forma como jogamos o jogo (a nossa escolha)**

Há alguma ciência por trás de ser feliz e bem-sucedido? A resposta é sim. Se aceitarmos graciosamente o que não pode ser mudado, e mudarmos corajosamente o que pode ser, seremos bem-sucedidos.

## A VIDA É CHEIA DE ESCOLHAS E DE COMPROMISSOS

A vida é cheia de escolhas e de compromissos; embora pareça uma contradição, realmente não é. Até um compromisso é uma escolha. **Para cada coisa que fazemos e cada decisão que tomamos há uma escolha e uma recompensa.**

1. Se eu te tratar mal, escolhi ser tratado mal.
2. Se eu comer demais, escolhi ser obeso.
3. Se eu fumar, escolhi provocar câncer.
4. Se eu mentir, escolhi ficar preso à minha própria mentira.
5. Se eu beber e conduzir, escolhi provocar um acidente.
6. Se eu tratar os outros com desrespeito, escolhi ser tratado com desrespeito.
7. Se eu tiver uma atitude casual, escolhi provocar casualidade.
8. Se sou descuidado, escolhi ser negligente.

Considerando que,

9. Se me exercito, escolhi fortalecer o meu corpo.
10. Se tenho pensamentos positivos, escolhi ser mentalmente forte.
11. Se eu tiver cuidado, escolhi ter orgulho no desempenho.
12. Se sou honesto, escolhi ser de confiança.
13. Se como comida saudável, escolhi provocar a boa saúde.

Poderíamos continuar e continuar...

Os campeões olímpicos poderiam ter desperdiçado seu tempo assistindo TV, indo a festas, usando drogas e tomando bebidas alcoólicas. Mas eles optaram por fazer escolhas positivas e, portanto, ganharam o ouro. **Uma série de escolhas positivas resulta em sucesso e uma série de escolhas negativas resulta em fracasso. Sucesso ou fracasso é um efeito de escolha.**

> Somos livres até fazermos escolhas. Depois disso, a escolha nos controla e não temos mais opção.

Durante toda a vida, todos os dias, fazemos centenas de escolhas. O tipo de trabalho que fazemos, o tipo de amigos que temos, os lugares onde moramos, a comida que comemos, o quanto comemos, as roupas que vestimos, a hora que vamos para a cama e se fazemos exercício ou não. São todas escolhas.

Uma vez que escolhemos não estudar para a prova e falhamos, precisamos estar prontos para suportar as consequências da escolha errada. Quando começamos a fazer de escolhas negativas um hábito, começamos a racionalizar e a arranjar desculpas.

As escolhas que fazemos por padrão são tão importantes quanto as escolhas que fazemos com projeto. Por quê? Ainda temos de suportar as consequências, aconteça o que acontecer.

*Realizadores estão dispostos a aceitar a dor de curto prazo para ganhos a longo prazo.*

# PLANO DE AÇÃO

- Escreva três escolhas positivas que, se você praticar todos os dias, te impulsionarão a alcançar mais:

i. ________________________________________

ii. ________________________________________

iii. ________________________________________

Como as escolhas acima farão você se sentir?

i. ________________________________________

ii. ________________________________________

iii. ________________________________________

# 4
# A sábia verdade

*A mente, uma vez expandida para as dimensões de ideias maiores, nunca retorna ao seu tamanho original.*
OLIVER WENDELL HOLMES

Se continuarmos fazendo o que temos feito durante toda a nossa vida, continuaremos a obter os mesmos resultados. Se queremos resultados diferentes na vida, temos de **fazer coisas diferentes,** ou de uma forma diferente.

Quando ficamos doentes, o médico nos prescreve medicamentos e uma dieta. Não só isso, ele também nos pede que façamos tudo de forma diferente. Por exemplo:

1. Temos comido toda a vida, mas agora temos de comer de forma diferente.
2. Temos andado toda a vida, mas agora temos de andar de forma diferente.
3. Temos tomado decisões durante toda a nossa vida, mas agora

temos de tomar decisões de forma diferente.

4. Temos pensado toda a vida, mas agora temos de pensar de forma diferente.
5. Temos respirado desde que nascemos, mas agora precisamos respirar de forma diferente.

Agora, desde o nascimento, temos pensado muito bem, mas para avançar, precisamos pensar, falar, andar, comer e trabalhar de forma diferente. O desejo de se conformar com o que já temos está evidentemente presente na maioria de nós, mas, na realidade, o maior progresso tem sido estimulado pelos não-conformados. Qualquer coisa diferente reflete originalidade e inovação, mas nem todas as coisas diferentes têm mérito ou são boas.

> Todo progresso é mudança, mas nem toda mudança é progresso.

A educação é o que nos faz fazer as coisas de forma diferente. O objetivo da educação é trazer transformação, não apenas conscientização. Quando somos expostos a qualquer informação pela primeira vez, ela traz consciência. Consciência é conhecimento — é o "agora eu sei". Quando internalizamos a informação para provocar uma mudança de comportamento, ela resulta em transformação. Até lá é só informação. **Conhecimento é informação, entendimento é compreensão, e sabedoria é colocá-los em ação.**

### CANTAR OU TRAPACEAR?

Havia um jovem sacerdote que cantava as santas escrituras com as mãos cruzadas, dia após dia, acreditando que estava adquirindo santidade. Um dia, o bispo sentou-se ao seu lado e começou a esfregar duas pedras uma contra a outra. Ele fez a mesma coisa continuamente durante dias. Por fim, o jovem sacerdote não aguentou mais e, preocupado, perguntou ao bispo:

— Por que você está fazendo isso?

O bispo disse:

— Estou tentando fazer um espelho com esta pedra.

O jovem sacerdote disse:

— Mas isso não é possível. Não pode acontecer. Como pode fazer um espelho com pedras?

Então o bispo respondeu:

— Filho, tem toda a razão. Assim como eu não posso fazer um espelho a partir dessas pedras, lembre-se, você não se tornará uma pessoa santa apenas cantando mecanicamente as escrituras. Tem de pôr a sua aprendizagem em prática.

Nossa aprendizagem deve resultar em ações positivas. **A menos que o comportamento de uma pessoa mude, a aprendizagem não ocorreu. O conhecimento sem ação é como lavrar sem semear.**

### ESPIRITUALIDADE

Há uma história fascinante de um suposto professor espiritual que viu um lenhador diligente numa floresta. Ele pensou "Que grande oportunidade para passar alguns ensinamentos espirituais". Enquanto o lenhador cortava meticulosamente a madeira e empilhava as toras em sua carroça, o professor pregava os evangelhos. Quando o lenhador estava fazendo as malas depois do trabalho, o professor perguntou:

— Os sermões já lhe converteram em uma pessoa espiritual?

O lenhador disse:

— Desde a manhã, tudo o que você tem feito é falar infinitamente sobre espiritualidade, mas nem uma vez você pensou em estender uma mão amiga para mim. Sinto que é você que tem uma necessidade terrível de aprender sobre a espiritualidade e suas facetas.

A diferença entre uma pessoa espiritualmente evoluída e alguém que não o é facilmente visível. As pessoas espiritualmente evoluídas interiorizam os seus conceitos de verdade, o que se reflete em seu comportamento e ações. Elas não colocam uma máscara falsa para fingir que são espirituais. O verdadeiro significado da espiritualidade é uma combinação de **três valores fundamentais: integridade, responsabilidade e respeito.**

As pessoas com princípios não têm de proclamar ao mundo a sua conduta espiritual. O mundo faz o seu próprio julgamento. Um farol não chama a atenção, apenas irradia, e o mundo se dá conta. Da mesma forma, a espiritualidade é evidente no comportamento de cada um.

Como pode alguém ter um caminho de crescimento sem um caminho espiritual?

Qualquer coisa bem-feita com integridade, e aquilo que agrega valor à vida, é espiritual. Por exemplo:

- Um político que pensa na próxima geração e não nas próximas eleições está praticando a espiritualidade.
- Uma pessoa que faz sapatos que têm bom custo-benefício está praticando espiritualidade.
- Um médico que salva vidas está praticando a espiritualidade.
- Um juiz que dá julgamentos baseados em "o que é certo", em vez de "quem está certo", está praticando espiritualidade.
- Um marido e uma esposa que são honestos um com o outro estão praticando a espiritualidade.
- Um professor que constrói o caráter de um aluno está praticando a espiritualidade.
- Um político que coloca o interesse nacional acima do seu próprio está praticando a espiritualidade.

## VOCÊ JÁ VIU UM SERMÃO CAMINHANDO?

Em 1953, um grande grupo de dignitários se reuniu para dar as boas--vindas ao ganhador do Prêmio Nobel da Paz, dr. Albert Schweitzer, na estação ferroviária. Ele tinha um bom físico e 1,80 m de altura. A multidão estava à espera com ramos de flores. Enquanto o dr. Schweitzer olhava por cima das suas cabeças, viu uma mulher idosa lutando com duas malas grandes. Ele educadamente se desculpou da multidão, andou rápido, pegou as malas e acompanhou a senhora até o ônibus, deixando todos que o esperavam para trás. Ele voltou e pediu desculpas aos dignitários por tê-los feito esperar. Um repórter comentou nessa altura: "Essa é a primeira vez que vejo um sermão caminhando." Que mensagem! Isso é espiritualidade.

O dr. Schweitzer disse: "Na vida de todos, em algum momento, nosso fogo interior se apaga. Devemos ser gratos por aqueles que reacendem o espírito interior".

Manter compromissos éticos é praticar a espiritualidade. Quando agregamos valor ao que fazemos, e essa se torna a filosofia pela qual vivemos, vamos além de ganhar dinheiro e praticar a espiritualidade.

1. Consequências de se comprometer a espiritualidade
2. Você se torna pouco confiável.
3. Você perde a credibilidade.
4. Você perde o respeito próprio e o respeito pelos outros.
5. A sua autoestima cai.

> Fazer dinheiro é roubar; ganhar dinheiro é praticar espiritualidade.

O mundo atual, de confusão política, terrorismo, desintegração familiar, desilusão juvenil, desconfiança corporativa e corrupção religiosa leva à incerteza e agitação globais. As pessoas escolhem atalhos e métodos desonestos para ganhar dinheiro. Em nosso momento atual, a maioria das pessoas quer fazer dinheiro, e muito poucos querem ganhá-lo. Quando você está com pressa para fazer dinheiro, pula os degraus para subir mais rápido. Fazer dinheiro por meio de golpe ou trapaça equivale a se desviar da espiritualidade. Aqueles que fizeram grandes saldos bancários por ganância e meios tortuosos são os que sempre têm medo de perdê-los. Na minha opinião, eles não são espirituais porque estão sempre desconfortáveis e inquietos. Por quê? Porque só fizeram dinheiro, não o mereceram. Paz e felicidade são resultados da espiritualidade.

- De acordo com o Gallup Survey, 63% das pessoas que vão trabalhar não estão "engajadas", o que significa que não

> fazem seus trabalhos. Outros 24% estão "ativamente desengajados", o que significa que se certificam de que os outros também não fazem o seu trabalho. Isso deixa apenas 13% das pessoas que vão trabalhar e fazem trabalho.[1]

Tornou-se literalmente uma epidemia ver os empregados passarem de três a quatro horas por dia verificando e-mails pessoais e redes sociais enquanto estão no trabalho. É para isso que são pagos? Quando alguém rouba a nossa carteira, como chamamos essa pessoa? Um ladrão! Quando fazemos tudo isso, o que nós somos?

Quando as pessoas não têm os valores certos, o que fazem?

1. Mentem aos seus empregados e empregadores.
2. Mentem aos seus clientes e colegas.
3. Mentem aos seus cônjuges e filhos.

Quando vão ao trabalho, levam canetas, lápis, grampeadores e material de escritório para casa; fazem ligações pessoais durante o expediente. Vão a restaurantes para passeios pessoais e cobram à empresa. Falsificam folhas de horas. É para isso que são pagos?

Temos de compreender que **salário sem trabalho equivale a roubo. Roubar é fazer dinheiro, não ganhá-lo.**

**Fazer dinheiro é desvio de conduta, ganhar dinheiro é espiritual.**

> A espiritualidade não é uma estratégia, é um CAMINHO DE VIDA.

*Os realizadores praticam a espiritualidade como um modo de vida.*

1. <http://news.gallup.com/poll/165269/worldwide-employees-engaged-work.aspx>.

# PLANO DE AÇÃO

- Identifique três áreas onde você pode integrar espiritualidade como um modo de vida:

i. Área 1.____________________________________________

Me comprometo a fazer __________________________________

ii. Área 2. ___________________________________________

Me comprometo a fazer __________________________________

iii. Área 3.___________________________________________

Me comprometo a fazer __________________________________

# 5

# Cuide da sua mente

### O QUE É A MENTE?

A mente é como energia — ela permanece um mistério, é pouco compreendida e muito desperdiçada. A mente é o elemento que capacita a pessoa a pensar, sentir, raciocinar, compreender e fazer julgamentos. É intangível e abstrato, mas é real.

**Nossa mente é uma fábrica que gera pensamentos positivos ou negativos.** Podemos condicionar a nossa fábrica de pensamentos a tornar-se como um termômetro ou um termostato. Um termômetro apenas lê a temperatura externa — ele não tem poder para influenciar ou mudar nada além disso; ele é totalmente indefeso. Por outro lado, um termostato tem a capacidade de ler e regular. Controlar o ambiente.Como devem ser as nossas mentes — como um termômetro ou um termostato?

**É assim que funciona uma mente termômetro**

Um homem acorda de manhã, vê o sol brilhar e se sente feliz e exultante. Mas, no dia seguinte, ele acorda, vê o tempo úmido e sombrio e se sente deprimido.

Quem está controlando a mente dele? O tempo externo. Ele está indefeso.

**É assim que funciona uma mente termostato**

Um homem acorda de manhã, vê o sol brilhar e se sente feliz e exultante. Mas, no dia seguinte, ele acorda e vê o tempo úmido e sombrio, mas se sente feliz e entusiasmado. Por quê? Porque ele programou a sua "mente termostática" para ser feliz e entusiasmada. Portanto, não importa qual seja o clima, o tempo em sua mente está sob seu controle. Ele está no comando da própria vida.

Se queremos ter uma vida com sentido, devemos nos inspirar em um termostato e não em um termômetro.

## VÁ EM PILOTO AUTOMÁTICO

Há muitos anos, estava viajando para os Estados Unidos com a minha filha mais nova, que tinha então cinco anos de idade. O piloto era meu conhecido, e sendo um cara amigável, convidou minha filha para lhe mostrar a cabine. Depois, explicou algumas coisas:

— Quando o avião decola, há muitas incógnitas, tais como as nuvens, o vento, os relâmpagos e os trovões, e devido a estas turbulências, na maior parte do tempo o avião sai do seu curso.

A minha filhinha perguntou, curiosa:

— O que acontece quando avião quando sai da rota?

Ele respondeu:

— Temos uma coisa chamada piloto automático. Sempre que o avião sai da pista, o piloto automático o traz de volta.

**Piloto automático significa que todo o comportamento positivo deve se tornar um reflexo. Aquele que está no controle da própria vida põe a mente em piloto automático.** O termostato também funciona como piloto automático.

**O PODER DA MENTE**

A história seguinte é um exemplo positivo do **poder da mente**. Muitas vezes, durante os nossos seminários, eu tive o pessoal da defesa passando pelos nossos programas. Dizem-me que nas cordilheiras dos Himalaias, nas temperaturas negativas, viram monges capazes de meditar sem roupa. Pergunto-me como é que eles não ficam doentes em condições tão extremas.

- Depois de uma série de estudos conduzidos com a ajuda do Dalai Lama no final dos anos 1970 e início dos anos 1980, verificou-se que "muitos monges tibetanos conseguiam aumentar a temperatura da sua pele em até 8,3°C, mantendo a temperatura interior inalterada. Outros estudos mostraram que eles podem realmente aumentar sua temperatura interior também. Isto é atribuído principalmente a uma técnica particular de meditação chamada Tummo, que envolve a visualização do corpo humano como uma estrutura oca de luz, e uma combinação de métodos de controle respiratório para diminuir a frequência cardíaca. Isso é tão eficaz que os monges têm sido documentados dormindo em um parapeito rochoso em mais de 4,5 mil metros acima do nível do mar, separados um do outro, sem proteção adicional além de suas vestes. Dizem que eles nem sequer tremem, e estamos falando de temperaturas próximas a -17°C".[2]

O poder da mente sempre foi um assunto fascinante, e hoje é mais do que nunca. A comunidade científica compreendeu a importância da soma total do nosso comportamento, saúde e relações interpessoais. Os pensamentos, de fato, modificam e têm uma consequência direta no comportamento. Cultivar e praticar pensamentos bons e positivos tem um impacto positivo direto no comportamento, no ambiente e

2. <http://www.keepmewarm.com/2016/06/how-tibetan-monks-deal-with-extreme.html>.

nas realizações. De fato, as diretorias da maioria das empresas estão hoje convencidas de que, para competirem e serem rentáveis, precisam reestruturar e redirecionar as mentes dos indivíduos. Se a mente de um homem é inteligentemente cultivada, deve "colher o que semeia", ou seja, se um homem pensa positivamente, sua mente irá desenvolver pensamentos corretos e suas ações serão corretas também.

Assim como um jardineiro planta uma semente, nós pensamos e semeamos no campo da nossa mente. Quando plantamos uma semente no solo da nossa mente, ela cresce. Agora, se ela se torna uma mangueira, um arbusto de amoreira, uma hera venenosa ou um arbusto de rosas depende do que plantamos. Se semeamos uma rosa, é natural colhermos uma rosa. Um pensamento colocado na mente age como semente para outro pensamento. As impressões deixadas por esses pensamentos serão armazenadas em algum lugar no campo da nossa mente, consciente ou subconscientemente, direta ou indiretamente. Dependendo de como esta semente é regada, estes pensamentos irão gerar outros pensamentos.

Há um efeito multiplicador — uma **semente não dá um fruto; a colheita é múltipla, seja positiva ou negativa**. Essa é a Lei da Natureza.

## PESSOAS POSITIVAS SE RECUPERAM MAIS RÁPIDO

Em um artigo sobre "Cura com pensamento positivo", o dr. Ravinder Mamtani em Nova York, que tem liderado a pesquisa neste campo, diz: "Em muitos casos, se você tem uma doença crônica ou enfermidade, acalmar a mente vai acalmar a doença. Acalmar a mente significa se livrar do pensamento negativo, ser otimista e focar nos aspectos positivos. Faça isso e vai curar si mesmo. Tudo o que tem de fazer é aprender a ter calma. Controle e dirija sua mente para que você tenha um sistema de crenças positivo, permaneça otimista e realmente mude sua vida." O dr. Mamtani continuou a descobrir que os pacientes que tinham ou que desenvolveram uma atitude e sentimentos positivos tinham melhores resultados e eram mais propensos a se recuperar dos retrocessos médicos.[3]

### DESCUBRA O PODER DA MENTE

**A nossa mente tem o poder de fazer do inferno o céu e do céu o inferno. Uma casa se torna um lar somente quando pode abrigar o corpo, a mente e a alma completamente.**

Assim como o solo não escolhe as sementes que são plantadas, nossa mente subconsciente não decide quais pensamentos escolher. Assim como um fazendeiro decide sobre as sementes, a mente consciente escolhe os pensamentos para implantar na mente subconsciente. Há uma gama de escolhas conscientes, como que livros ler, que música ouvir, que amigos manter e que filmes ver. Uma vez que decidimos que filme ver, a mente consciente se fecha e a mente subconsciente se abre para receber. Quando uma cena horrível aparece, sentimos repulsa. Ao ver uma cena excitante, ficamos animados, e uma cena triste nos faz chorar. Você acha que há um botão mágico instalado em algum lugar? Obviamente não! A explicação é muito clara — a mente consciente decide, o subconsciente recebe e o corpo reflete. O corpo é um escravo da mente. Ele literalmente obedece à mente.

Nossa mente é como um iceberg flutuante, do qual apenas um sétimo é visível, e o resto está todo debaixo d'água. Da mesma forma, nossa mente consciente é apenas um sétimo, e o equilíbrio real do poder reside na mente subconsciente invisível.

Também é essencial limpar nossa mente. **Assim como um dentista nos dá um fio dental para limpar os dentes, nós precisamos de um "fio dental mental" para limpar nossa mente do lixo excessivo que ela acumula.** Dor e agonia mentais são piores do que a dor física; isso é importante para aliviar a dor.

**Siga a abordagem 2D para limpar a mente:**

---

3. <http://www.affirmationsforpositivethinking.com/Healing-with-Positive-Thinking.html>.

1. **Desenvolva um botão de apagar para a sua memória negativa:** reflita, mas não se detenha nos erros do passado — desenvolva uma memória seletiva para acumular sucessos na vida, o que o motivará ainda mais, e apague a negatividade e os erros do passado, que o puxam para baixo, de sua memória seletiva.
2. **Direcione conhecimento para sabedoria:** com conhecimento de causa, precisamos alimentar nossa mente com algo positivo todos os dias, mas, para sermos sábios, precisamos apagar algo negativo de nossa mente todos os dias. O processo de acumulação de positividade e a eliminação de negatividade é onde ocorre a transformação do conhecimento em sabedoria.

Um agricultor, mesmo depois de plantar boas sementes, precisa capinar constantemente o seu jardim, caso contrário as ervas daninhas destroem sua boa colheita. Da mesma forma, o processo de limpeza da nossa mente deve ser constante e consistente.

Uma mente pura e pensamentos maus não são compatíveis. Portanto, **somente uma mente pura produzirá pensamentos puros, resultando em ações puras.**

*Os realizadores põem a mente no piloto automático e fazem de todo comportamento positivo uma ação reflexa.*

# PLANO DE AÇÃO

- Pense em três situações em que você perdeu o controle sobre si mesmo. Como pode usar o botão do piloto automático para voltar à rota?

i. Situação________________________________
   Mudança________________________________

ii. Situação________________________________
   Mudança________________________________

iii. Situação________________________________
   Mudança________________________________

- Comprometa-se com você mesmo a refletir diariamente.
- Comprometa-se a alimentar sua mente diariamente com leitura/escuta positiva por pelo menos de 5 a 30 minutos.

# 6
# Invista em você mesmo

*Se você não gosta da produtividade em sua vida, então deve avaliar sua entrega. Se fizer coisas medíocres, vai viver uma vida medíocre. Se fizer coisas excelentes, terá uma vida excelente.*

> Todo pensamento é uma semente — se você planta uma semente inferior, não pode esperar uma fruta superior.

Nós compramos roupas caras, jeans de grife e sapatos da moda sem pensar duas vezes; provavelmente até gastamos milhares por ano com isso. Vamos a restaurantes caros e às vezes esperamos horas para nos sentarmos. Gastamos uma pequena fortuna e provavelmente o fazemos duas ou três vezes por semana.

O que temos para mostrar no dia seguinte? Nada, a não ser uma dor de estômago e alguns quilos a mais.

Se investirmos uma fração do dinheiro que gastamos tão voluntariamente abaixo do pescoço acima dele, estaríamos em uma **categoria totalmente diferente**.

### A ENTREGA DETERMINA A PRODUTIVIDADE

Onde estaremos daqui a cinco anos dependerá de três coisas:

1. **Os livros que lemos**
2. **Os filmes e programas que vemos**
3. **A companhia que mantemos**

Onde nós estamos hoje é também o resultado destas três coisas, porque representam a entrega que conduz à ATITUDE. Que livros ler, que filmes ver e que amigos manter são as escolhas que fazemos.

### NÃO PERMITA QUE OUTROS DESPEJEM LIXO

Suponha que, um dia, enquanto estamos cozinhando, nosso vizinho entre, jogue seu lixo em nossa comida e suje toda a nossa cozinha. Nessa situação, o que faríamos? A resposta é bastante óbvia: tentaríamos detê-lo, não hesitaríamos sequer em lutar, ou poderíamos até chamar a polícia para o expulsar.

Se sob nenhuma circunstância permitimos que alguém suje nossa comida e cozinha, então por que permitimos que a mídia polua nossas mentes com pensamentos maus e negativos? Nós nunca gostaríamos de nos associar com ou permitir em nossos lares aqueles que têm mentes negativas, mas eles literalmente entram em nossas casas através da televisão e outros meios de comunicação para envenenar as nossas mentes.

> Não faça da sua mente uma lixeira para o lixo de outra pessoa.

Muitas vezes, as chamadas mentes liberais argumentam que o lixo que está sendo mostrado na mídia não tem que ser visto ou ouvido quando você tem a opção de desligar. Dizem que temos escolhas e que podemos ver o que queremos. A questão é, temos mesmo escolha? Até que ponto? Ou será apenas uma justificativa para continuar a poluir? Isso é como dizer: "Eu vou poluir o ar, mas se você não gostar, é uma pena — você pode parar de respirar. Estou vivendo em uma sociedade livre. Tenho a escolha de fazer o que gosto com a minha vida."

No mundo real, não funciona assim. Estamos todos ligados de uma forma ou outra. O que eu faço lhe afeta e o que você faz me afeta. Quando cortamos florestas em uma parte do mundo, o clima se altera em outra parte. Um equilíbrio interrompido pode mudar a equação entre vida e morte.

### É SÓ A MINHA VIDA?

Vamos imaginar que estamos viajando em um barco com dez pessoas. Em alto-mar, uma pessoa puxa uma furadeira e começa a fazer um buraco debaixo do assento. Obviamente, com a vida de todos em perigo, perguntamos:

— O que você está fazendo?

Ele diz:

— Só estou perfurando debaixo do meu assento, não debaixo do seu. Eu paguei por ele e tenho o direito de fazer o que quiser. É a minha vida.

Que piada! Seu egoísmo chegou ao ponto de cegá-lo para a realidade e torná-lo estúpido o suficiente para eventualmente se autodestruir. Ele não percebe que a consequência de seu comportamento pode ser fatal e ele mesmo pode se afogar ao lado de outros.

Respostas dessa natureza se tornaram uma epidemia em todas as áreas. Esse não é um comportamento totalmente irresponsável e egoísta? O individualismo substituiu o interesse maior. **O "eu e o meu" substituiu a maior responsabilidade.** Como pode a sociedade não ser afetada pelo que está acontecendo ao redor?

Obscenidade dentro — Obscenidade fora

Lixo dentro — Lixo fora

Bom dentro — Bom fora

Infelizmente, nem sempre é verdade que "o lixo entra e depois sai". Muitas vezes, "o lixo entra, fica e cresce" e se reproduz dentro de nós. Esse efeito multiplicador é perigoso e destrutivo. A nossa mente é uma fábrica de pensamentos. O que quer que coloquemos na fábrica decide o que sai. As sugestões são os livros que lemos, os programas que vemos e os amigos que mantemos, e o resultado é a nossa atitude.

**Os livros que lemos**

De acordo com uma pesquisa, em média, um milionário autodidata lê de dois a três livros por mês, o que equivale a cerca de 25 a trinta livros por ano. Em trinta anos, isso é aproximadamente mil livros. Eles não leem qualquer livro. Eles leem livros de autoajuda que os ajudam a crescer na vida. Todos nós sabemos ler, mas muito poucos realmente leem, e dos que leem, muito poucos sabem o que ler.

> Um bom livro compartilha a sabedoria dos tempos em forma de cápsula.

**Como ler um livro e tirar o melhor proveito dele:**

1. Tenho um princípio na minha vida — nunca empresto os meus livros a ninguém, nem os peço emprestados. A razão é que sempre que leio um livro, sublinho, marco e faço anotações ao lado. Quando alguém se oferece para me emprestar um livro, agradeço, mas depois, educadamente, peço que me deem, me presenteiem ou me vendam, porque eu não o devolverei e, se não for aceitável para eles, me recuso a aceitar o livro. Os meus livros são o meu

tesouro, recuso-me a partilhá-los.

2. Sempre me sento com um marcador na mão enquanto leio um bom livro. Por quê? Porque algum dia, quando voltar a me referir a ele, não terei tempo para percorrer o livro inteiro novamente e só olharei para as partes e notas sublinhadas. Além disso, procurar o material importante, caso não tenha sido sublinhado ou destacado, é uma perda de tempo. Tomando notas e sublinhando, você só reforça o seu trabalho.
3. Outra coisa que aprendi ao ler um livro é que se o primeiro capítulo realmente não me seduz, ou se eu sentir que não percebi muito valor nele, eu paro de ler. Há algum tempo, eu costumava continuar, na expectativa de que talvez eu fosse encontrar algo no próximo capítulo... ou no seguinte. Mas não é assim que acontece. Um livro tem geralmente de dez a quinze capítulos e talvez 150-200 páginas. O primeiro capítulo seria aproximadamente um décimo do livro. Se eu não perceber qualquer valor nisso, então provavelmente não vou conseguir encontrar muito valor no livro como um todo. Não vale o meu tempo.
4. Além disso, a fim de focar, se concentrar, e se isolar de outras distrações, desligue o seu celular. As distrações diluem o seu poder de absorção. Eles são o maior perigo para realizar mais. Um dos principais fatores de diferenciação entre vencedores e aqueles que não o são é a capacidade focar e de se concentrar. O que o vencedor consegue em um minuto com concentração não pode ser conseguido em quatro minutos por pessoas desfocadas.

**Olhe para o poder da concentração e foco**

Em um dia ensolarado, se segurarmos uma lupa sobre um pedaço de papel e a balançamos sobre ele, nada acontece. Mas, no momento em que a mantemos estável, os raios do sol se concentram e o papel imediatamente se incendeia.

**Os espetáculos que vemos**

Veja algumas músicas e bandas de rock — podemos até repetir a letra de muitas dessas bandas ou elas são obscenas demais para serem recitadas?

No entanto, permitimos que nós mesmos ou nossos filhos vejam e ouçam a obscenidade que está sendo alimentada através da mídia. Não se admira que nós e nossos filhos nos comportemos de forma tão obscena e grosseira hoje em dia.

Mas a grande questão é sobre a subjetividade da obscenidade — quão obsceno é o obsceno? Um pouco de obscenidade é bom, mas demais, não é? Obscenidade é obscenidade. Aceitá-la em qualquer nível é totalmente errado.

Um estudo mostra que quase 90% dos estupradores são viciados em pornografia. A pornografia se tornou uma epidemia e é um grande negócio. Por causa do dinheiro envolvido, há muito interesse na indústria do sexo. Algumas pessoas defendem a pornografia e afirmam que pornografia e arte são a mesma coisa. A pornografia é subjetiva? Alguém perguntou a um juiz:

— Consegue definir a linha entre pornografia e arte?

E o juiz respondeu:

— Não consigo definir a linha, mas consigo ver facilmente a diferença quando vejo os dois e sim, há muita diferença.

Pornografia objetifica e degrada as mulheres, enquanto a arte as eleva.

O vício em pornografia é uma doença progressiva como o vício em drogas. A única mensagem que a pornografia transmite é que "a mulher é um objeto de sexo para ser usada, abusada e rejeitada". A pornografia muda o significado do sexo de sagrado para pervertido.

**Olhe para as novelas:** O que são novelas? Não são nada mais do que pessoas saltando da cama de uma pessoa para outra. Se você tem alguma definição de moralidade, então descobre que as novelas são apenas a glamorização do comportamento imoral. Se você não tem uma definição de moralidade, então é uma questão diferente. Se continuarmos observando esse tipo de comportamento imoral dia após dia, eles se tornarão nossos pontos de referência. Não admira, começamos a nos comportar assim. Sexo antes do casamento, sexo extraconjugal e divórcios subiram como impacto destas novelas.

- No artigo "Novelas e seus impactos na sociedade" diz: "As novelas de sucesso tendem a ser escritas de forma inteligente, sexy e repletas de enredos e triângulos amorosos, incluindo

> violência doméstica contra as mulheres em geral. Na melhor das hipóteses, o espetáculo se torna popular, e os espectadores começam a incorporar alguns dos temas nas suas vidas".[4]

As novelas levaram à ruptura da unidade familiar e tornaram a nossa sociedade mais propensa ao crime e às drogas. Elas são todos os resultados de pensamentos maus que são implantados em nossas mentes através de um ambiente negativo.

Essa entrega tóxica está danificando a nossa saída. Temos de nos afastar dos pensamentos tóxicos e das pessoas. Temos de inundar as nossas mentes com material enriquecedor e positivo.

> Temos de isolar as nossas mentes da negatividade, tendo cuidado com o que vemos.

**A companhia que mantemos**

É bem-dito que **a má companhia corrompe o caráter**.

Os vencedores se cercam de vencedores que vivem suas vidas com base em valores e têm a capacidade de influenciar o seu destino. Se todos os fins de semana passamos tempo com nossos amigos lamentando e reclamando sobre o quanto nossos empregos, patrões e nossas vidas são ruins — isso vai nos inspirar?

Quando partimos, sentimos que estamos indo embora motivados? Se a resposta é não, então é tempo de trocar de companhia. As influências negativas são tão sutis que nem sequer nos damos conta de que, cada vez que interagimos, somos empurrados para a direção errada, com uma atitude errada.

### A MUDANÇA É SUTIL

Só imagine o que aconteceria se atirássemos um sapo vivo num balde de

4. <https://challenges.openideo.com/challenge/womens-safety/research/soap-operas-and-their--effect-in-our-society>.

água quente? O sapo vai saltar por causa do choque. Mas se colocarmos um sapo vivo num balde de água à temperatura ambiente e depois começarmos a aquecê-la por baixo, a mudança de temperatura será tão gradual que o sapo nem sequer sentirá, e acabará por morrer na água quente.

Muitos de nós podem ou não perceber que temos amigos que são pessoas simpáticas, bem-intencionadas, mas com influência negativa sobre nós. Quando percebermos que fomos corroídos por dentro, pode ser tarde demais. Precisamos fazer escolhas na vida sobre o tipo de amigos que queremos ter. Cada relacionamento tem uma influência positiva ou negativa. Precisamos nos cercar de pessoas muito mais sábias do que nós ou nos unir a um grupo de pessoas que tenha altos padrões de desempenho. Lembre-se, os atributos de um bom amigo começam a ressoar em você. Eles relaxam e a companhia deles é comida para a alma. Tanto o estresse quanto a calma são contagiosos. Se estivermos sempre perto de pessoas estressantes, nossos próprios níveis de estresse subirão. Precisamos nos afastar de pessoas negativas, egoístas e desonestas, porque suas influências começam a impactar nosso caráter. **Evite pessoas e situações que tragam conflito.**

### A entrega rege a produtividade

Um ovo de águia foi colocado no ninho de uma galinha da pradaria. O ovo eclodiu e a pequena águia cresceu pensando que era uma galinha. A águia fez o que as galinhas faziam. Riscou a terra procurando por sementes e cacarejou. Nunca voou mais do que alguns metros, porque era o que as galinhas faziam. Um dia, a pequena águia viu um pássaro voando graciosa e majestosamente a céu aberto. Ela perguntou às galinhas:

— O que é aquele lindo pássaro?

As galinhas responderam:

— Isso é uma águia. Ela é um pássaro excepcional, mas você não pode voar como ela, porque você é apenas uma galinha.

Então, a águia nunca mais pensou no assunto, acreditando que era a verdade. Ela viveu e morreu como uma galinha, sem saber do que era capaz. Que desperdício! **Ela nasceu para voar alto, mas foi condicionada a rastejar no chão.** A mesma coisa é verdade para a maioria das pessoas. Se quiser voar como uma águia, tem que aprender os caminhos de uma águia. A águia da pradaria nasceu para vencer, mas foi condicionada a perder.[5]

Algumas pessoas são como corujas. Ficam cegas ao sol. Não conseguem ver a luz do dia. Elas nascem com uma incapacidade de ver algo positivo.

Todos os dias, quando acordamos, escolhemos o clima em nossas mentes — quer queiramos ter um dia bom ou um dia ruim. Há pessoas a quem perguntamos: "Como está hoje?". Sua resposta é "Depende das circunstâncias" ou "Depende do tempo". A questão é, o que você vai fazer sobre isso? Alguns responderiam: "Bem, com base no boletim meteorológico, vai ser um dia ruim. Vai ser muito quente, muito frio ou muito abafado." Para essas pessoas, o departamento de meteorologia decide a sua vida todos os dias, porque não elas exercem a sua escolha de ter um bom dia. Tais respostas retratam a impotência.

Os nossos pensamentos estão agregando ou nos destruindo? Pensamentos errados trarão miséria. Um homem miserável só torna os que o rodeiam miseráveis. Aqueles que se tornam vítimas de tal miséria são geralmente membros da família, parceiros de negócios e a sociedade em geral. A negatividade continua a encher nossa mente com pensamentos maus e destrutivos. **Precisamos de um disjuntor que desligue os pensamentos negativos.** Um disjuntor interrompe a conectividade quando há um curto-circuito, para evitar danos, e volta a funcionar quando o problema é resolvido.

Nossa vida tem muito a ver com nossa atitude, que resulta em nossas ações e, portanto, nas consequências. As nossas ações não podem ser deixadas à mera ideia de acaso ou sorte; devem antes ser concebidas pelo pensamento.

> Mais importante do que o que colhemos são as sementes que semeamos todos os dias.

*Seja vigilante na escolha dos seus pensamentos*
*e prudente na escolha das suas contribuições.*
*Uma mente saudável tem a capacidade*
*de alcançar significativamente mais.*

---

5. KHERA, Shiv. *You Can Win* (Blooomsbury, 2014).

# PLANO DE AÇÃO

- Os livros que lemos, os programas que assistimos e a companhia que mantemos vão definir onde estaremos daqui a cinco anos.

Liste três livros, três espetáculos e três pessoas que elevaram a sua vida.

i. Livros

______________________________________________

ii. Programas

______________________________________________

iii. Companhia

______________________________________________

- Faça uma lista de três dos seus amigos mais próximos e se faça as seguintes perguntas. Depois de ter as respostas, pense em como cada um deles impactou sua vida.
  i. São intrinsecamente positivos ou negativos?
  ii. São abertamente críticos?
  iii. São egoístas?
  iv. São equilibrados?
  v. Eles puxam o seu espírito para baixo ou levantam você?
  vi. Eles estão vivendo suas vidas com base em princípios de integridade?

1ª pessoa ______________________________________

2ª pessoa ______________________________________

3ª pessoa ______________________________________

Agora responda, você gostaria de mantê-los na sua vida?

Você tem que ser um vencedor internamente antes de poder ser um vencedor externamente.

# 7

# A criação de um vencedor

**OS VENCEDORES FAZEM AS COISAS ACONTECEREM, OS PERDEDORES ESPERAM QUE AS COISAS ACONTEÇAM**

Vince Lombardi, o famoso técnico de futebol americano, uma vez disse: "Ganhar não vem de um dia para o outro, é trabalho do tempo todo. Não se ganha de vez em quando; não se faz as coisas como deve ser de vez em quando; você as faz bem a todo momento. Ganhar é um hábito. Infelizmente, perder também. Alguns jogam com a cabeça, mas temos que jogar com o coração. Dirigir uma equipe de futebol não é diferente de dirigir qualquer tipo de organização — um exército, um partido político ou um negócio. Os princípios são os mesmos. O objetivo é ganhar de forma justa e pelas regras — mas ganhar. Acredito firmemente que a melhor hora para qualquer homem é aquele momento em que ele deu tudo de si por uma boa causa e está exausto no campo de batalha — vitorioso".

> Quando algo ruim acontece, pode destruir, definir ou fortalecer você.

Quem disse que vencer foi fácil para aqueles que conseguiram? Cada pessoa tem o potencial de encontrar a sua verdadeira capacidade. **Sim, nascemos para vencer, mas para sermos vencedores é preciso lutar e atacar com uma atitude positiva.**

### O QUE FAZ UM VENCEDOR?

#### 1. Autoestima elevada

O que é a autoestima? A autoestima é um sentimento de autovalorização. Assim como o ar, a alta autoestima é essencial para a sobrevivência. Dá poder a uma pessoa e reflete cada ação. É a pedra basilar da nossa psique, sobre a qual repousa o nosso comportamento. É a aceitação do nosso valor intrínseco.

A autoestima é o que sentimos por nós mesmos. Quando nos sentimos bem, o mundo fica bonito, a produtividade aumenta e os relacionamentos são muito melhores. E o inverso também é verdade.

A base da autoestima está na autoaceitação. O que significa isso? Significa que "eu me aceito como sou". Autoaceitação não significa complacência ou arrogância. Não significa "É assim que eu sou" e "É assim que serei". "Se não gosta, pena, é pegar ou largar" é arrogância. Compreendida e analisada adequadamente, a autoestima é o epítome da humildade.

Ela se baseia nos seguintes princípios:

1. Não faço ideia de como vim para este mundo — é um mistério, mas estou aqui, e para ficar.
2. Por nenhum padrão sou perfeito.
3. **Cometi erros. Cometo erros. Não me orgulho deles. Aprendi com os eles. Não vou repeti-los. Peço desculpa e perdão pelos meus erros. Mas eu não sou um erro.**

Nenhum de nós é perfeito. Há certas coisas com que nascemos, como a nossa altura, a cor da pele, as formas dos nosso rosto e assim por diante. Podem não ser ideais. Algumas delas estão fora do nosso controle, o que significa que não as criamos, nem podemos mudá-las. Talvez possamos tentar melhorá-las até certo ponto, mas não podemos acabar com elas. Nesse caso, podemos continuar a lutar contra aquilo que não podemos mudar e provocar tumultos ou aceitá-las como nossa identidade e desenvolvê-las.

A falta de aceitação gera uma crise de identidade. A crise de identidade é o início de todos os problemas. No momento em que praticamos a autoaceitação, superamos nossa turbulência interna e ficamos em paz conosco. Nos sentimos completos e adequados. Não temos de provar nada a ninguém no mundo. Mais uma vez, isso não é arrogância, porque estamos dispostos a aprender e a melhorar. Por causa da autoaceitação, temos a nossa própria identidade. Não estamos à procura de validação de fora, o que significa que somos conduzidos internamente.

**Precisamos nos tornar conduzidos internamente, e não externamente**

Devíamos obter a nossa validação por dentro, não por fora. O que significa isso? Um dia, se alguém se levanta de bom humor, liga para mim e diz: "Que belo trabalho você está fazendo, sinto orgulho em chamá-lo de amigo."

Como isso faz eu me sentir? Maravilhoso.

Mas, supondo que no dia seguinte a mesma pessoa se levanta de mau humor, me liga e diz: "Seu patife, seu trapaceiro. É a maior fraude da cidade."

Como isso faz eu me sentir? Terrível.

Então, quem está controlando a minha vida? Obviamente a outra pessoa, porque quando ela me liga e me elogia, eu me sinto muito bem. Mas, no dia seguinte, quando ela me chama de vigarista, me sinto podre. Essa pessoa controla a minha vida. É assim que eu quero viver? Obvio que não! Não me interprete mal. Quando ela diz: "Você é o melhor", é bom ouvir essas palavras; mas se ela não disser, eu ainda me sinto bem. Por quê? Porque, aos meus próprios olhos, sou um bom ser humano. No dia seguinte, quando ela desfaz o elogio, não é capaz de me deixar mal porque, na minha opinião, ainda sou um bom ser humano. **Estou**

**recebendo a minha validação de dentro, não de fora. Sou conduzido internamente e não externamente.**

### Autoaceitação dá identidade

Charlie Chaplin, um dos maiores comediantes do mundo, estava de passagem por um país europeu, onde viu um anúncio para uma competição de sósias de Charlie Chaplin. Por pura curiosidade, ele decidiu participar. Havia cerca de quinhentas pessoas participando. Para sua surpresa, ele ficou em sétimo. Chaplin contou em uma das suas memórias que, quando chegou ao número sete, foi surpreendido. Ele escreveu: "Vivemos num mundo onde os exibicionistas têm sucesso e um homem de verdade falha. Por um momento, até eu fiquei confuso se era o verdadeiro Charlie Chaplin ou se era algum dos seis antes de mim. Depois percebi que, embora os outros pudessem copiar a minha aparência e os meus movimentos, nenhum deles conseguia igualar a minha mente e a minha atitude." A atitude de Charlie foi impulsionada pela alta autoestima, que veio da autoaceitação e lhe deu sua identidade.

Ele escreveu: "Eu podia rir da vida. Adorei perder mais do que os vencedores gostaram de ganhar, porque sabia que era o verdadeiro Charlie Chaplin."

Podemos até amar perder quando sabemos qual é a nossa verdadeira identidade. Chaplin não se sentiu ameaçado porque não tinha de provar nada a ninguém. Ele escreve mais adiante: "Mais do que a minha aparência, a minha mente e a minha atitude me dão minha identidade."

Ele não estava olhando para a aceitação e validação do mundo exterior; sabia quem ele era. Ele sabia a sua identidade, por isso não lhe importava quem ganhasse. As pessoas que vivem com autoaceitação têm uma autoestima elevada — são estáveis e equilibradas. Elas estão em paz consigo mesmas.

### 2. Consistência

Como você define sucesso ou fracasso?

A receita de se tornar um vencedor ou um fracassado é simples, mas não simplista. Simples significa que "é fácil de entender e implementar", enquanto simplista significa "de importância subestimada".

**Receita para o sucesso**

**A Receita é...**

Algumas ações positivas repetidas diariamente resultam em sucesso, e alguns erros repetidos todos os dias resultam em fracasso. Note duas palavras-chave importantes aqui — **"repetidas"** e **"diariamente" — a repetição** é a mãe da aprendizagem. Devemos reconhecer o extraordinário poder da repetição. A repetição traz consistência, que resulta em proficiência; é a proficiência que realmente molda nossas vidas.

Sucesso e fracasso não são **eventos**, mas sim **processos**. São **viagens** e não **destinos**. Não acontecem da noite para o dia.

Ninguém se torna bem-sucedido fazendo algo positivo de vez em quando. Olhe para a maioria das multinacionais — elas começaram modestas e gradualmente, praticando constantemente a disciplina, tornam-se gigantes globais. Se olharmos para o caminho do estudante de artes marciais, de uma faixa branca a uma faixa preta, ficamos sabendo que é o resultado de uma prática consistente durante anos.

## AUTODISCIPLINA E CONSISTÊNCIA

Da mesma forma, ninguém se torna um fracasso por cometer um erro de vez em quando. Repetir consistentemente um erro tem os seus próprios efeitos agravantes.

Por exemplo, existe o ditado: "Comer uma maçã por dia mantém o médico longe." Se isso é verdade, então qual é o problema? Mas o que é fácil de fazer, também é fácil de negligenciar. É óbvio que não dizem: "Um chocolate ou sorvete por dia mantém o médico afastado." Por isso, não podemos cair na tentação de uma barra de chocolate por dia, e não devemos. Além disso, se trocarmos os dois e cometermos um erro de julgamento ao comermos uma barra de chocolate em vez de uma maçã, estaremos criando problemas. Quando cometemos um erro pela primeira vez e nada de infeliz acontece, justificamos isso dizendo: "Olha, nada aconteceu". Mas só porque não aconteceu um dia, não significa que a afirmação "Uma maçã por dia mantém o médico afastado" não seja verdadeira. Imagine repetir o erro de comer uma barra de chocolate em vez de uma maçã diariamente. Qual seria a consequência? Continuaria a adicionar calorias, talvez se tornasse obeso, e se tornasse mais propenso a doenças.

Também dizem por aí: "Exercitar-se trinta minutos por dia mantém o médico afastado." Mais uma vez, é fácil de fazer, mas também é fácil negligenciar. Não dizem que ver televisão durante meia hora por dia mantém o médico afastado. Se não fizermos exercício durante um dia, justificamos isso dizendo: "Estou com a saúde boa, não me aconteceu nada." Só porque algo não aconteceu naquele dia, não significa que a afirmação "Exercitar-se trinta minutos por dia mantém o médico afastado" não esteja correta. E se continuarmos com este mesmo erro, imagine os efeitos negativos? O consequente custo financeiro e para a saúde vai ser gigantesco.

**Aguente as consequências não importa o quê!**

Uma água-viva às vezes engole um caracol. O caracol, devido à sua concha dura, fica protegido e vivo dentro da água-viva. Para sobreviver, o caracol começa a comer a água-viva por dentro, consistente e diariamente, e continua a crescer até chegar o dia em que consome toda a água-viva. **Da mesma forma que a água-viva se destrói ao engolir o caracol, uma atitude negativa nos devora por dentro até nos autodestruirmos.** A questão é: a água-viva escolheu conscientemente a sua própria destruição? Provavelmente não. Mas isso é irrelevante. Teve que aguentar as consequências, independentemente do que acontecesse. O mesmo princípio não é também aplicável às nossas vidas? A destruição da água-viva não é um acontecimento, mas um processo consistente.

Repetidos erros de julgamento levam a desastres cumulativos. Não importa se os erros se referem à saúde, finanças ou relacionamentos — o dano será evidente.

É a nossa atitude que se reflete em cada esfera da vida e que decide o resultado final. As pessoas que são insensíveis ou descuidadas com a saúde são mais suscetíveis de ser insensíveis também em outras áreas de suas vidas. As pessoas que são insensíveis em relação aos seus relacionamentos experimentam laços quebrados. As pessoas que são descuidadas com as suas finanças sofrem perdas. Assim, uma boa atitude pode nos levar a lugares, e uma má pode nos derrubar.

> Temos que distinguir entre o que é bom e o que é agradável.

Curiosamente, descobrimos que a maioria das pessoas sabe a diferença entre o que é bom e ruim, certo e errado. Por exemplo, todos sabem que exercício físico regular é bom para a saúde, mas quantos o fazem? Não muitos. Mas então, por que não o fazem? Porque exercitar-se todos os dias requer disciplina, o que não é agradável.

Fazemos escolhas entre:

- A academia e o sofá
- Poupar e gastar dinheiro
- Comer uma cenoura e um bolo

A vida é muitas vezes uma escolha entre o que é bom e ruim, certo e errado, espiritual e mau.

> Uma série de escolhas positivas é chamada de sucesso, e uma série de escolhas negativas é chamada de fracasso.

- Se eu não comer uma maçã por dia durante trinta dias e depois comer trinta maçãs em um dia, é a mesma coisa? Seria possível comer trinta maçãs em um único dia? Obviamente que não!
- Se não fizer exercício durante seis meses, não posso fazer exercício de seis meses em um dia. Se eu abusar do meu

corpo durante dez anos, posso recuperar em dez dias? É possível reverter os efeitos nefastos? Não, nunca!

Sabemos também que comer diariamente uma fatia de bolo de chocolate pode acrescentar centenas de calorias e não ser bom para a saúde, mas ainda o fazemos. Por quê? Porque é agradável, nós gostamos. Curiosamente, no entanto, depois de fazermos, o remorso aparece. **Precisamos entender que tudo o que é bom pode não ser agradável e tudo o que é agradável pode não ser bom.**

**Receitas para desastres**

Em um dos meus programas de liderança, havia cerca de cem pessoas. Eu perguntei: "Os que acreditam que fazer exercício todos os dias é importante para a nossa saúde, por favor levantem a mão direita." Todas as mãos subiram. Depois lhes perguntei: "Como todos sabem qual é a coisa certa a fazer, aqueles que se exercitam todos os dias, levantem a mão esquerda."

Adivinhe, quantas mãos se levantaram? Apenas dez.

Isso levanta uma questão — as pessoas sabem o que fazer e o que é do seu interesse e, no entanto, não o fazem. O que está faltando? Autodisciplina e consistência.

Se nos exercitarmos todos os dias, o que devemos e podemos fazer, teremos boa saúde, mas se não o fazemos ou não o faremos, chamamos o desastre. Se não o fazemos, significa que somos descuidados ou temos uma má atitude. Se não o faremos, significa que somos durões e arrogantes. No final de alguns anos, vamos descobrir que o nosso descuido e negligência para com a nossa saúde levou a uma acumulação de desastres. Subestimar ou ignorar o que deve ser feito é um erro intencional que cometemos.

"Poderia fazer" e "deveria fazer", mas "não faço" e "não farei" são as receitas para desastres. Assim, o resultado final é alcançar o sucesso, onde a disciplina é a chave — precisamos começar a eliminar os erros e a inculcar a disciplina interior. A nossa atitude decidirá se vamos longe ou se caímos em um poço.

A partir dos exemplos acima, é muito claro que há alguns "fazemos" e "não fazemos" na vida. Todos esses padrões de comportamento não são subjetivos — são universais. Têm um efeito cumulativo.

Um sábio disse certa vez: "Para cada um que tenha cometido um equívoco, precisamos de doze ações corretivas para combatê-lo ou neutralizá-lo." Por vezes, mesmo doze ações corretivas não são capazes de corrigi-lo. É possível calcular os efeitos cumulativos? O poder dessa acumulação é astronômico.

### 3. Autocontrole

### O Autocontrole é a essência do autorrespeito

Há uma antiga história indiana que ilustra o autocontrole. Uma vez, um homem detestável se aproveitou de todas as maneiras de uma pessoa santa. O santo estava muito calmo e relaxado. Depois que o homem terminou de se aproveitar dele, um transeunte perguntou ao homem santo:

— Este homem se aproveitou de você tão duramente, como você manteve a calma?

O homem santo respondeu:

— Se você dá um presente a alguém e ele se recusa a aceitá-lo, então a quem pertence o presente?

O transeunte disse:

— Ao presenteador.

O santo disse calmamente:

— Eu me recusei a aceitar o seu presente.

O aproveitador percebeu que se aproveitar do homem santo era na verdade autoabuso. Que demonstração real de autocontrole pelo santo!

> Fazer algo permanentemente prejudicial enquanto se está temporariamente chateado é uma tolice.

Vejamos outro exemplo de autocontrole. Uma vez um professor perguntou a um menino:

— Quem é a pessoa mais poderosa do mundo?

O rapaz tinha visto muita televisão, e disse orgulhosamente:

— Batman.

O professor disse:
— Bem, na verdade não. Tente mais uma vez.
O rapaz disse:
— Homem-Aranha.
Novamente o professor disse:
— Na verdade não, tente de novo.
O pequeno pensou que desta vez não podia errar e disse:
— Super-Homem.
O professor disse:
— Filho, vou lhe dar uma última tentativa.
O rapaz desistiu e perguntou ao professor:
— Por que não me diz quem é a pessoa mais poderosa?
O professor disse:
— Filho, a pessoa mais poderosa do mundo é aquela que tem controle sobre seus pensamentos e emoções.

Em outras palavras, quem tem autocontrole tem o poder supremo.

Para alcançar equilíbrio e estabilidade, é preciso exercer autocontrole em todas as áreas da vida. Não pode ser alcançado de um dia para o outro, mas é possível avançar um passo de cada vez para esse objetivo.

O autocontrole em um momento de raiva pode evitar uma vida de arrependimento e tristeza.

> O autocontrole é domínio e a calma é poder. Quanto menos dominação externa tiver, mais em controle estará e mais pacífico será.

**4. Autodisciplina**

Um dos ingredientes mais importantes para o sucesso é a autodisciplina. **A maior vantagem da disciplina não é o que ela "pode" fazer por nós, mas o que ela "fará" por nós**. Não é o que recebemos, mas o que nos tornamos. Uma das principais causas do fracasso é a falta de disciplina. A disciplina é a base sobre a qual se constrói toda a estrutura da vitória.

Só há dois tipos de dor na vida. Uma é a dor da disciplina e a outra é a dor do arrependimento. Adivinhe qual é mais dolorosa? Bem... obviamente, a do arrependimento. A verdade universal é que a disciplina **é o remédio para o arrependimento**.

> Autodisciplina e autocontrole são uma combinação campeã.

**Ninguém conseguiu nada sem autodisciplina**

Manny Pacquiao, um dos maiores boxeadores profissionais de todos os tempos, é o único campeão mundial de oito divisões na história do boxe, tendo conquistado onze grandes títulos mundiais. Pouco antes de entrar na luta em um campeonato, ele disse: "Acredito que posso ganhar. A fé é a minha motivação para vencer". Qual você acha que foi a razão da sua fé inabalável? Sua fé em vencer foi apoiada por uma ação rigorosa e treinamento constante. Ele disse: "Se praticar muito, posso ganhar todas as batalhas." Você acha que ele poderia ter se tornado um campeão sem ter disciplina em sua dieta e treino? Nunca. É o esforço constante de praticar a disciplina ao longo dos anos que nos faz ganhar batalhas. Pacquiao disse uma vez: "A vida deve ser um desafio, porque são os desafios que fazem você crescer." Se houver vida, haverá desafios. Ele disse: "Só na morte eu abandonarei os meus cinturões."

Só nos tornamos proficientes quando superamos os desafios. Da mesma forma que praticamos a disciplina para melhorar nossas habilidades e superar desafios, o pugilista campeão poliu suas habilidades mentais e físicas, fazendo da disciplina uma parte da sua rotina.

**Disciplina dá liberdade**

Há uma ideia equivocada de que a disciplina tira a liberdade. Na verdade, é o inverso, ela dá liberdade. Se eu levasse uma caixa grande de chocolates para o meu filho de três anos, que adora chocolate, provavelmente ele gostaria de comer a caixa inteira de uma só vez, considerando que é uma criança. Se eu deixar meu filho ficar com a caixa inteira, o que acontecerá? Ele vai ficar doente; mas, se disciplinarmos a criança a comer dois ou três bombons todos os dias, ela vai gostar muito mais e se manterá saudável também. A disciplina tirou ou deu liberdade? A resposta é bastante óbvia. Deu.

Aristóteles, um antigo filósofo grego, disse em palavras simples: "Através da disciplina vem a liberdade."

> Desejo sem disciplina é apenas um pensamento ilusório.

- Um músico pode ser um bom músico sem autodisciplina?
- Um atleta pode ser um bom atleta sem autodisciplina?
- Um médico pode ser um bom médico sem autodisciplina?

As respostas são bastante óbvias. Lendo as histórias de vida das pessoas bem-sucedidas, descobrimos que elas tinham uma tremenda autodisciplina para fazer o que precisava ser feito, quer gostassem ou não. O dicionário define autodisciplina como a "capacidade que temos de nos controlar e motivar, de nos mantermos no caminho certo e de fazer o que é certo". A razão pela qual a maioria das pessoas não consegue realizar o que querem é por causa da falta de autodisciplina. A autodisciplina não é fácil, mas nos ajuda a alcançar os nossos objetivos superando tentações ao longo do caminho.

**5. Paixão**

O que é paixão? A paixão é uma emoção forte — a emoção é uma energia que nos impulsiona a nos comprometermos com nós mesmos. Se precisamos alcançar alguma coisa ou chegar a algum lugar na vida, precisamos ter claramente um ponto focal e ir atrás dele com tudo o que temos. O que quer que façamos, temos de pôr o nosso coração nisso. Se colocarmos o nosso coração, abriremos novas oportunidades. As pessoas dizem: "Se eu tivesse um emprego melhor, colocaria o meu coração." É uma ilusão. É por isso que **as pessoas fazem um trabalho de meio dia e recebem um salário de um dia inteiro**. Não admira que não cheguem a lugar nenhum na vida. Tentar motivar pessoas que não têm paixão é como ressuscitar alguém dos mortos. É colocar toda a sua energia para encher um balão furado; não importa o quanto sopre, ele não vai subir. Você sopra, ele desinfla, você sopra, ele desinfla!

## OS VENCEDORES NÃO FAZEM COISAS DIFERENTES, ELES FAZEM COISAS DE FORMAS DIFERENTES

Há alguns anos, o recorde mundial de salto em altura era de dois metros e vinte centímetros. Não o salto com vara, mas o salto em altura. A questão é, como é que um ser humano consegue superar a marca de 2,2 m de altura? Mesmo um metro e meio é difícil. Alguém perguntou ao campeão: "Como se supera a marca de 2,2m?" Ele respondeu: "Atiro o meu coração por cima da marca e o meu corpo me segue." Que resposta! Há alguma coincidência com ele ter sido um campeão? Na verdade, com paixão no coração, como poderia não ser um campeão?

**Qual é a diferença entre um trabalhador, um artesão e um artista?**
Segundo São Francisco de Assis: "Um homem que só trabalha com as mãos é um operário. Um homem que trabalha com as mãos e a cabeça é um artesão, mas um homem que trabalha com suas mãos, a cabeça e o coração é um artista." Se queremos fazer algo de bom na vida, temos que trabalhar com a paixão de um artista.

## A CRIAÇÃO DE UM REALIZADOR

A batalha interna é uma luta árdua que combatemos dentro de nós mesmos, porque é o resultado do nosso desequilíbrio pessoal. É a condição que temos que superar. Precisamos ter a coragem de identificar e superar o que a cria. Quando percebemos que a causa da luta não é externa, mas interna, percebemos que ela pode ser eliminada, um passo de cada vez. Tenha em mente que a luta é uma resposta aprendida, consciente ou subconscientemente, durante um período de tempo. É uma atitude programada.

*Todos nós pensamos em mudar o mundo, mas os realizadores trabalham consistentemente sobre a mudança em si mesmos.*

# PLANO DE AÇÃO

- Escreva três coisas que você se compromete a fazer para aumentar a sua autoestima.

i. ______________________________

ii. ______________________________

iii. ______________________________

- Escreva três áreas onde você precisa praticar autocontrole para realizar mais.

i. ______________________________

ii. ______________________________

iii. ______________________________

- Escreva três áreas onde você precisa estar mais consistente para realizar mais.

i. ______________________________

ii. ______________________________

iii. ______________________________

- Você consegue pensar em três áreas de sua vida que melhorariam drasticamente se você exercitasse a autodisciplina?

i. ______________________________

ii. ______________________________

iii. ______________________________

- Pelo que você se sente apaixonado? Você está perseguindo suas paixões?

# 8

# CONTINUE ASSIM

*Os vencedores conseguem, não importa o que aconteça.*

O caminho para a vitória não é fácil. Está cheio de obstáculos e armadilhas. Os vencedores condicionam as suas mentes para fazer a coisa certa, consistentemente.

O problema não é a falta de consciência para distinguir entre o certo e o errado, mas a falta de pôr em prática **"o que é certo"**.

## CONDICIONANDO A MENTE

O professor chamou dois alunos que estavam à procura de direção na vida. Um era um valentão e o outro, dócil. O professor deu instruções adequadas a ambos. O aluno dócil entendeu, aceitou, obedeceu e implementou, respeitando a orientação do professor. O valentão respondeu: "Eu não tenho nenhuma dificuldade em entender o que é certo e errado. Eu sei o que é certo, mas não me sinto atraído por isso. Por outro lado, sei o que está errado, mas me sinto atraído por isso. Meu maior problema é que eu não tenho vontade de fazer o que é certo e, de alguma forma, não posso me impedir de fazer o que é errado. O meu problema é muito diferente."

Por que o valentão está tendo esse problema? Qual é a moral da história?

A moral é muito clara — **condicionar a mente é mais importante do que o poder**. Por isso, temos de ser condicionados para fazermos a coisa certa.

**Exemplos de condicionamento negativo:**

Um médico que fuma tem conhecimento e entende as implicações, mas ainda assim fuma.

Um policial que bebe e dirige tem conhecimento e entende as implicações, mas ainda assim bebe e dirige.

Um atleta que abusa de drogas tem conhecimento e entende as implicações, mas ainda assim usa drogas.

> Pessoas com propósito e objetivos claros são bem-sucedidas porque sabem o destino que devem tomar e possuem direção clara.

## SUPERAR AS FRAQUEZAS

Nenhum ser humano é totalmente positivo ou negativo. Temos um pouco de ambos dentro de nós.

Através do seu processo de pensamento, os vencedores superam as suas limitações e se concentram nos seus pontos fortes, enquanto os perdedores reconhecem os seus pontos fortes, mas se concentram nas suas limitações. Se não corrigirmos uma grande fraqueza que nos impede de avançar, provavelmente estaremos neutralizando todas as nossas forças.

O que está nos atrasando?

**Onze erros que nos atrasam na vida**

1. **Você não pode construir a si mesmo esmagando os outros:** se você se construir esmagando outros, será despedaçado pouco a pouco. Com essa visão de curto prazo, você vai se autodestruir. A única maneira de se tornar o edifício mais alto da cidade é criar uma base forte e construir a estrutura mais alta, ou então esmagar e destruir todos os outros, e por padrão, tornar-se o edifício mais alto da cidade. Mas, se esmagar os outros, eles não lhe deixarão sobreviver ou prosperar. Eles virão e lhe desfarão em pedaços. Tentar puxar os outros para baixo em vez de se levantar é tão sem princípios quanto autodestrutivo.
2. **Preocupar-se com coisas que não podem ser mudadas:** preocupar-se equivale a dois dias improdutivos — hoje e amanhã. Muitas das preocupações são imaginárias. Eles só criam ilusões de um problema.
3. **Só porque somos incapazes de fazer algo, pensamos que é impossível:** criamos barreiras imaginárias que justificam a tarefa como impossível. A nossa incapacidade de fazer uma determinada coisa não significa que não seja executável. Qualquer um que já disse que **"você não pode"** o disse por que "**ele não pode**".
4. **Aprofundar-se em questões menores:** desperdiçamos tempo de vida desnecessariamente ao nos especializarmos em questões menores. Temos de ultrapassar as questões mesquinhas e triviais.
5. **Negligenciar o autodesenvolvimento:** da mesma forma que nossos corpos precisam de comida todos os dias, nossas mentes precisam de pensamentos positivos. Negligenciar o autodesenvolvimento ou o desenvolvimento pessoal leva à degeneração e à degradação.

6. **Forçar os outros a acreditar e a viver como nós:** penalizar e coagir os outros a viverem de acordo com as suas crenças mostra uma mente fechada e arrogância. Demonstra também um comportamento opressivo, que emana da insegurança.
7. **Tomar crédito falso:** não reconhecer os esforços dos outros e tomar crédito indevido pelo trabalho alheio é egoísta e carece de integridade.
8. **Evitar e ignorar os seus deveres:** fazer "o que é prazeroso" e não "o que deve ser feito" é um comportamento imprudente. Mostra falta de integridade e equivale a um comportamento irresponsável.
9. **Favoritismo:** ser cego à justiça é prejudicial ao crescimento. O favoritismo reflete em você como pessoa — ele mostra parcialidade ou interesse adquirido.
10. **Repassar o problema:** não estar disposto a aceitar a responsabilidade, culpar os outros e se esconder atrás de desculpas é um comportamento típico de pessoas irresponsáveis.
11. **Se intrometer:** desconsiderar o espaço e a dignidade de outras pessoas, intimidar e agarrar com força o que não é seu é roubo.

Esses são apenas onze erros pré-selecionados entre muitos mais. O objetivo de identificar esses erros é refletir e aprender com eles, e eventualmente eliminá-los. Quem disse que a sabedoria vem com a idade?

A sabedoria vem apenas da reflexão e da aprendizagem dos nossos erros passados. Algumas pessoas só envelhecem com a idade, mas não se tornam mais sábias.

Pessoas sábias se desafiam a crescer e a realizar mais.

### DESAFIE-SE A GRANDES ALTURAS

Dizem que o professor Abraham Maslow costumava desafiar os seus alunos fazendo perguntas como estas:

1. Qual de vocês vai escrever o próximo livro?
2. Quem vai ser como o dr. Albert Schweitzer?

Ouvindo essas perguntas, os alunos riam ou coravam. Era quando o dr. Maslow esclarecia as expectativas, explicando o que queria dizer. Ele perguntava: "Se não forem vocês, quem fará?"

Não devíamos fazer as seguintes perguntas a nós mesmos?

- Se não formos nós, então quem será?
- Se não for agora, então quando?
- Se não for aqui, então onde?

> O sucesso está na prática da excelência nos mínimos detalhes.

**Precisamos distinguir entre OS DETALHES CRUCIAIS, e o que é MESQUINHO E TRIVIAL**

**Detalhes cruciais**

Conheci um bilionário que é dono de muitas propriedades. Enquanto estava caminhando por uma de suas fábricas, ele viu alguns papéis no chão, e se abaixou para pegá-los. Ele não chamou ninguém para dar uma ordem para pegar os papéis. O fez sozinho. Analise o seu comportamento. Que mensagem ele passou para todo o seu pessoal? **Pequenos detalhes importam.** Eles viram a liderança pelo exemplo. Foram inspirados a prestar atenção aos menores detalhes.

Lembre-se, **as pequenas coisas não são pequenas.**

1. **Um exército dos melhores soldados armados não pode lutar e ganhar a batalha se eles não têm sapatos.**
2. **É o pequeno vazamento que afunda o navio.**
3. **É a pequena faísca que queima a floresta.**

Alguma vez você já foi mordido por um elefante? Provavelmente não. Alguma vez foi picado por um mosquito? A resposta é que todos nós já fomos, e muitas vezes. São as pequenas coisas que fazem a grande diferença. Se elas fazem uma diferença tão grande, como podem ser pequenas? Que paradoxo!

Não **se aprofundar em coisas menores** não significa ignorar os detalhes importantes, mas sim distinguir entre **os detalhes cruciais** e o que é **mesquinho e trivial**.

Uma vez, um dos computadores do nosso escritório não tinha uma UPS (fonte de alimentação ininterrupta) funcional e pedimos à pessoa encarregada que a consertasse. Mas, em vez de corrigir o problema, ela ligou o computador diretamente, sem se preocupar em reparar a UPS. Ela se eximiu à responsabilidade ao dizer: "Não é um grande problema. É só uma coisinha." A questão é, quando é que se torna um grande problema? Quando o computador explode por causa de uma flutuação de tensão ou quando perdemos dados importantes? Os acidentes nos avisam que estão próximos antes de acontecerem? E, se acontecer um acidente, imagine a perda.

É isso que estamos esperando? Que estúpido e irresponsável! Que atitude insensível!

**Colocam-se aqui algumas questões:**

- Se a perda acontecer, quem é responsável por ela?
- Quem compensa os custos financeiros e perda de produtividade?
- Seria aceitável apenas um pedido de desculpas em uma situação insensível como essa?

Essa pessoa do gabinete olhou para a questão como "**mesquinha e trivial**" e não como um "**detalhe crucial**".

Essas situações evidentemente acontecem em muitos escritórios — ignorar pequenas coisas que são cruciais é pura negligência e pode ser desastroso.

É muito mais fácil fazer a coisa certa da primeira vez, todas as vezes, do que explicar por que não o fizemos e depois nos arrependermos. As pessoas de integridade vivem pela filosofia — PREPARAR E PREVENIR, EM VEZ DE CONSERTAR E SE ARREPENDER.

**MESQUINHO E TRIVIAL**

Algumas pessoas se dedicam a questões menores. Temos que aprender o que procurar e o que ignorar. Nós deixamos coisas insignificantes nos incomodarem ao ponto de não conseguirmos cuidar delas. Respondemos com frustração, raiva ou indignação, porque ficamos emocionalmente perturbados. Isso porque nos tornamos reativos, não proativos. Às vezes, também encontramos pessoas que se comportam de forma irresponsável. Um exemplo comum é que as pessoas marcam consultas, mas não aparecem a tempo nem têm a cortesia de telefonar para dizer que não vão. Muitas vezes, pequenas e desagradáveis surpresas acontecem. Não deixe que elas desviem você dos trilhos.

**Não tente atirar em borboletas.** Os cães ladram, mas a caravana passa. Não podemos deixar que todas as questões mesquinhas nos incomodem. Mantenha as pequenas coisas em perspectiva. Não podemos deixar que pequenos inconvenientes, como pequenos atrasos, retrocessos e perturbações nos incomodem.

Pequenas falhas sempre acontecerão. Se você lhes der mais importância do que elas merecem, elas só aumentarão seu estresse e encurtarão sua vida. Só vão aumentar a irritabilidade e diminuir a estabilidade. Esses fatores devem ser sempre levados em conta para evitar o estresse.

Quando aprendemos a distinguir entre um problema e um inconveniente, aprendemos a distinguir entre os detalhes cruciais e o que é mesquinho e trivial.

**Superar limitações autoimpostas**

As limitações impostas nos restringem. Não é incomum ver que a maioria dos recordes são estabelecidos por pessoas que ignoram as suas limitações. **Quando colocamos uma limitação ao que podemos fazer, colocamos uma limitação ao que vamos fazer**. Há muitos exemplos presentes na natureza para validar este pensamento. De acordo com os cientistas, o corpo da abelha é muito pesado e sua envergadura de asas muito pequena para voar. Cientificamente, a abelha não deveria conseguir voar, mas ela não sabe disso, e continua a voar de qualquer maneira.

Quando não conhecemos as nossas limitações, vamos em frente e conquistamos algo, e depois nos perguntamos se realmente tínhamos uma limitação para começar. Bem, há algumas pessoas que nascem com deficiências que podem limitá-las de certas maneiras, mas mesmo assim elas optam por se superar e fazer história, alcançando novas alturas. É mais fácil dizer do que fazer, mas é possível. Stevie Wonder nasceu cego, mas isso não o impediu de se tornar um dos cantores mais famosos do nosso tempo. As únicas limitações que uma pessoa tem são aquelas que são autoimpostas. As limitações autoimpostas estão ligadas à autoestima — quanto menos você se valoriza, mais baixas são as expectativas que estabelece para si mesmo.

As limitações autoimpostas podem resultar de muitos fatores, como uma educação deficiente, as pessoas com quem convivemos, e assim por diante. A limitação mental também é um grande empecilho para futuras descobertas; acreditar em nós mesmos e estabelecer altos padrões nos ajuda a superar as limitações autoimpostas.

Os maiores realizadores provavelmente enfrentaram problemas muito maiores do que aqueles que a maioria de nós enfrentou ou enfrentaria na vida.Steve Jobs, criador da Apple, desistiu da faculdade, e ainda assim fez história.

- Bill Gates, cofundador da Microsoft, também desistiu da faculdade, e ainda assim fez história.
- Albert Einstein, físico teórico, era disléxico, e ainda assim fez história.
- Leonardo da Vinci, o célebre pintor, também era disléxico, e mesmo assim fez história.
- Michael Phelps, um nadador campeão americano, fraturou o pulso antes das Olimpíadas, e ainda assim fez história. Ele disse: “Se sonhamos tanto quanto podemos, tudo é possível”.

*A diferença entre o bom e o excelente*
*é a atenção dada aos detalhes.*

# PLANO DE AÇÃO

- Numa escala de 1 a 10, avalie e analise sua personalidade. Qualquer coisa abaixo de "5" é pobre, e implicaria que requer muitas melhorias.

| | | |
|---|---|---|
| i. | Você ajuda aqueles que são menos afortunados do que você? | 1 2 3 4 5 6 7 8 9 10 |
| ii. | Com que frequência ignora seus deveres? | 1 2 3 4 5 6 7 8 9 10 |
| iii. | Você favorece alguém? | 1 2 3 4 5 6 7 8 9 10 |
| iv. | Você dá crédito onde ele é devido? | 1 2 3 4 5 6 7 8 9 10 |
| v. | Quantas vezes você deixa que os obstáculos lhe façam descarrilhar? | 1 2 3 4 5 6 7 8 9 10 |
| vi. | Você termina o que começa? | 1 2 3 4 5 6 7 8 9 10 |
| vii. | Você deixa que pequenos problemas lhe incomodem? | 1 2 3 4 5 6 7 8 9 10 |
| viii. | Você se preocupa constantemente? | 1 2 3 4 5 6 7 8 9 10 |
| ix. | Você se concentra no seu autodesenvolvimento? | 1 2 3 4 5 6 7 8 9 10 |
| x. | Você invade o espaço dos outros? | 1 2 3 4 5 6 7 8 9 10 |

- Com base na análise acima, assuma três compromissos de ação que você irá praticar durante os próximos 31 dias.

i. ______________________________

ii. ______________________________

iii. ______________________________

Esteja aberto à mudança, mas se mantenha firme em seus valores.

# 9

# As avaliações mudam, os valores não

*A opinião da maioria não faz o certo errado,*
*ou o errado certo.*

Uma vez ofereceram a um jovem contador uma grande soma de dinheiro por um trabalho que o deixava um pouco desconfortável. Não era exatamente ilegal, mas o contrato lhe pareceu questionável. Então, ele pediu ao cliente que lhe desse um dia para decidir. Naquela noite, foi para casa e contou à mãe os termos e condições do contrato e a grande quantidade de dinheiro que estava envolvida. A mãe dele era totalmente analfabeta. Depois de o ouvir por duas horas, disse: "Filho, não entendo nada do que você acabou de dizer. A decisão final é sua. Tudo o que posso dizer é uma coisa: todas as manhãs, quando entro no seu quarto, lhe encontro dormindo. Tenho muita dificuldade em lhe acordar. Detestaria entrar no seu quarto um dia e lhe ver acordado. Você decide." Com estas palavras, a mãe saiu do quarto. Depois que a mãe foi embora, o contador continuou pensando no que ela havia dito. Uns minutos depois, aproximou-se da mãe e disse: "Mãe, tenho a minha resposta."

Os valores são intrínsecos às nossas vidas. Acrescentam força ao nosso caráter. São princípios que orientam nossas ações. Os valores positivos resultam em comportamentos positivos com consequências positivas. Eles constroem uma sociedade positiva. Características negativas como trapaça, desonestidade e egoísmo resultam em comportamentos negativos com consequências negativas. Eles constroem uma sociedade negativa.

## AS AVALIAÇÕES VÊM E VÃO, OS VALORES NÃO

Avaliações de todas as propriedades materiais, como ações, títulos, bens imóveis, mercadorias etc., continuam mudando. Algumas mudam até mesmo de hora em hora. Ao longo de gerações, alguns valores foram cristalizados, o que abre caminho para nos mostrar claramente o que fazemos e o que não fazemos. Sempre que falamos de valores, nos referimos aos valores **universais** e **eternos**, que não mudam com o tempo ou o calendário.

**Universal** significa que "atravessa países, culturas e religiões".

**Eterno** significa que "estavam aqui antes de chegarmos, e estarão aqui depois de partirmos". Não há verdades novas. Às vezes, temos de nos lembrar das antigas.

Uma vez eu estava sendo entrevistado, e o entrevistador perguntou:

— Você está dizendo que há alguns certos e errados?

Eu disse:

— Sim. Há algumas zonas cinzentas, mas há zonas muito claras. Há certos e errados.

Ele disse:

— Você não ouviu a declaração de Shakespeare, que diz: "Não há nada certo ou errado, o seu pensamento o faz assim"? Você está contradizendo Shakespeare. O que tem a dizer sobre isso?

Eu respondi:

— Apenas discordo de Shakespeare. Se não há certos e errados, então todos os criminosos deste mundo devem ser libertados. Quem disse que eles estão errados? Você diz que eles estão errados, eles pensam que não, continue argumentando para o resto da sua vida. Se não havia certos ou errados, então Hitler tinha toda a razão. Quem disse que ele estava errado? Você acha que ele estava errado, mas ele não achava isso. Vai continuar argumentando para o resto da sua vida. Deixe-me compartilhar com você um exemplo mais próximo. Supomos que você saia deste estúdio e alguém na rua enfie uma faca no seu corpo três vezes. Com o sangue escorrendo, você diz: "Meu amigo, você está cometendo um erro." E ele responde: "Não leu Shakespeare? Nada é certo ou errado, o seu pensamento faz com que seja assim." Tente lhe explicar isso agora. Alguém cria algumas viúvas e alguns órfãos e você diz: "Meu amigo, você está cometendo um erro." E ele diz: "Nada está certo ou errado, o seu pensamento faz com que isso seja assim.".

## PARÂMETROS DE REFERÊNCIA

Na ciência, procuramos teorias e leis. No mundo comercial, procuramos por qualidade, padrões e parâmetros de referência. Por que razão, então, não devemos procurar por parâmetros de referência universais para os valores? Em qualquer negócio ou profissão em que possamos estar, a menos que tenhamos padrões de qualidade claros e parâmetros de referência, como poderemos alcançá-los? Do mesmo modo, a menos que tenhamos parâmetros de referência universais para os valores e a ética, como poderemos cumpri-los? A questão é: como estabelecemos esses **parâmetros de referência universais**? Ouvi a seguinte história, que esclarece a questão:

Havia uma senhora idosa frágil, com dois sacos de compras na mão, à espera de um ônibus. Atrás dela estava um rapaz grande. O ônibus chegou e ambos entraram. Estava completamente lotado, mas havia um assento disponível na parte de trás, então a senhora idosa começou a se mover para conseguir aquele assento. O menino grande veio de trás, passou colidindo com a senhora, deu um grande passo, depois outro, e tomou aquele assento. A senhora caiu, seus mantimentos se espalharam e ela estava no chão, totalmente indefesa. Havia muitos passageiros no ônibus. Uma delas era uma senhora sofisticada que começou a pensar: "Que desajeitado que é este rapaz!" Ela estava olhando para a etiqueta e as maneiras dele. Havia um advogado no ônibus também, que começou a pensar: "Deve haver uma lei contra este tipo de comportamento." Ele estava pensando por uma perspectiva legal. Havia um cirurgião no ônibus, que começou a pensar: "Essa senhora deve ter quebrado umas três costelas." Ele estava olhando de uma perspectiva cirúrgica. A quarta pessoa no ônibus era um psiquiatra, que começou a pensar: "Esse rapaz é psicótico e precisa de ajuda mental." Ele estava olhando de uma perspectiva mental. Quatro pessoas pensando de quatro maneiras diferentes — etiqueta, jurídica, cirúrgica e mental.

Nenhum deles fez essa pergunta — esse comportamento foi certo ou errado? Por que não fazemos esta pergunta? No momento em que a fazemos, nos tornamos julgadores. Se o nosso sistema de valores é claro, o que há de errado em ser julgador?

Duas questões surgem da história acima:

**Um:** Esse rapaz devia ter se comportado dessa maneira com a senhora? A resposta é não.

**Dois:** Alguém deve se comportar assim com qualquer pessoa? A resposta é não.

Se a resposta a ambas as perguntas é um "não" definitivo, encontramos as nossas referências universais. O mesmo princípio se aplica a todas as áreas da vida. Onde está a confusão? Identificar valores não é difícil, o que é difícil é enfrentá-los, e é por isso que optamos por não fazê-lo.

Você sabe que todos os médicos que se formam em qualquer parte do mundo têm de fazer o "Juramento de Hipócrates", que foi feito há quase dois mil anos? Qual o tamanho desse juramento? Só uma página. Se lermos esse juramento, precisamos de mais valores do que isso?

Todos os advogados fazem o juramento de código de conduta no mundo todo. Qual o tamanho desse juramento? Só uma página. Se lermos esse juramento, precisamos de mais valores do que isso?

### VALORES SUBJETIVOS

As pessoas que têm valores subjetivos alegam que é errado ser crítico. Elas dizem: "Quem sou eu para decidir? Quem sou eu para julgar? Não há sempre dois lados em tudo?" Todas as desculpas acima cheiram à indiferença, não à neutralidade. Quando alguém nos faz uma pergunta, *qual é a desvantagem de mentir, roubar e trapacear*, o que dizemos a isso? Dizemos:

1. Vamos fazer uma análise custo-benefício.
2. O que funciona melhor para nós?
3. O que nos faz sentir bem?

Absolutamente não! Mas se o fizermos e se esses forem os valores pelos quais vivemos, como esperamos que a próxima geração aprenda melhor? Isso significa que é preciso sair da casca da indiferença, e não apenas dizer ou fazer o que se quer.

> Se você é neutro em situações de injustiça, você escolheu o lado do opressor. Se um elefante pisar na cauda de um rato, e você disser que é neutro, o rato não apreciará sua neutralidade.
>
> DESMOND TUTU

Em questões de valores, se uma pessoa permanece neutra, é covardia. Apesar de existirem algumas zonas cinzentas, existem também algumas muito claras. Para identificar as áreas claras, temos de estabelecer alguns pontos de referência.

Assim como a verdade não muda com as estações do ano, os fatos não desaparecem só porque são ignorados. O mesmo se aplica aos bons valores. Ao contrário do sucesso, que é fugaz, os valores perduram. O conceito atual de valores relativos diz: "Está tudo bem. O que é certo para mim pode não ser certo para você." Se os valores são subjetivos e continuam mudando de pessoa para pessoa e de situação para situação, então isso significa que não temos nenhum valor.

### OS VALORES UNIVERSAIS E ETERNOS NÃO SÃO SUBJETIVOS

Peter Kreeft, um professor do Boston College, escreveu em seu livro *Making Choices*: "...contrariamente à crença popular, há alguns valores claros."

Uma vez, só para provar o seu ponto de vista, ele fez uma declaração na aula:

— Todas as mulheres da minha turma serão reprovadas.

Imediatamente todos protestaram:

— Não é justo!

Então, ele lhes perguntou:

— Quem define o que é justiça?

A turma ficou confusa.

Se a justiça é subjetiva, então não pode haver valores universais. Os estudantes, nesse caso, não teriam o direito de impor a sua opinião ao seu professor e o professor também não teria o direito de a impor aos estudantes. Mas se os valores objetivos universais chamados justiça e equidade existem, então o professor certamente seria considerado errado. Na ausência de valores objetivos universais, tudo o que os alunos podiam fazer era protestar contra a regra do professor, porque seus padrões subjetivos eram diferentes dos dele. Nesse exemplo, a questão não era de gostar ou não da regra, mas sobre justiça. Os valores objetivos permanecem eternamente estáveis, independentemente da intenção pessoal. São verdadeiros para todos, iguais. O que faz atos como homicídio, estupro, tortura e discriminação serem crimes? O fato de serem falhas na referência de valores universais objetivos — justiça e equidade.

> Os valores depreciados não podem ser remediados pelo dinheiro.

No tempo de hoje, as pessoas estão dispostas a contornar valores por conveniência e por ganhos a curto prazo. Por isso, estão dispostas a agir contra os seus valores. Parece que muitos CEOs, por exemplo, estão sob uma pressão tão intensa para obter ganhos a curto prazo que facilmente se dispõem a comprometer valores.

Ray Kroc, o fundador das franquias McDonald's, ofereceu um ótimo exemplo de valores.

Diz-se que uma vez Ray visitou uma de suas franquias e encontrou uma mosca morta no chão. Pouco depois, ele cancelou a franquia.[6]

A meu ver, ele disse com suas ações: "Em todo o mundo, as pessoas entram no McDonald's porque confiam na sua boa qualidade e higiene. Se o proprietário dessa franquia não acredita nestes valores, não merece ter um nome McDonald's". Em outras palavras, o que ele estava dizendo era: "Deixe-me tirar o meu nome e ver quantas pessoas entram neste restaurante."

> Se quiser emprestar alguma coisa a alguém na vida, empreste o seu dinheiro, mas nunca o seu nome. Por quê? Porque o dinheiro é fácil de recuperar, mas o nome não.

A mensagem extraída do exemplo acima é clara: não há compromisso sobre qualidade e valores. Você fala de flexibilidade, mas não há nenhuma. Ray ganhou credibilidade e a confiança de seus seguidores porque se manteve firme nos valores. Infelizmente, hoje em dia muitas pessoas não têm o que Ray Kroc tinha. VALORES.

*Os valores são mais importantes que as riquezas.*

---

6. <https://ffbsccn.wordpress.com/2010/06/20/ray-kroc-and-the- parábola do morto-viajante--lição-a-lição-too-late-for-bp%E2%80%99s- tony-hayward-to-now-learn/>.

# PLANO DE AÇÃO

- Identifique três valores pelos quais você deseja viver:

i. ____________________

ii. ____________________

iii. ____________________

- Pense em três incidentes em que você tenha comprometido seus valores. Mais adiante, como você lidaria com situações semelhantes de forma diferente?

i. ____________________

ii. ____________________

iii. ____________________

- Assuma três compromissos que irão colocar os seus valores em ação.

i. ____________________

ii. ____________________

iii. ____________________

# 10

# Selecionar caráter

Uma vez, um professor perguntou a um aluno:

— Como um país é destruído?

O estudante disse:

— Quando um inimigo atira uma bomba nele.

O professor disse:

— Não, tente mais uma vez.

O aluno disse:

— Quando um inimigo dispara um míssil contra ele.

O professor disse:

— Não, filho, tente mais uma vez.

O aluno disse:

— Desisto.

O professor disse:

— As bombas e os mísseis são formas violentas de destruição, mas aqui está uma forma mais fácil de destruir um país. Basta fazer da desonestidade um modo de vida e legalizar a corrupção e a fraude. Quando permitimos que os nossos alunos trapaceiem, eles se tornam corruptos.

**É aí que os seguintes exemplos se tornam realidade:**

1. Nas mãos de médicos corruptos, uma pessoa doente se torna um alvo, não um paciente.
2. Nas mãos de engenheiros corruptos, os edifícios desmoronam.
3. Nas mãos de juízes corruptos, a injustiça é feita.
4. Nas mãos de estudiosos corruptos, a religião é vendida.
5. Nas mãos de policiais corruptos, criminosos florescem.
6. Nas mãos de políticos corruptos, as nações padecem.

O maior inimigo da construção do caráter é um sistema de educação corrupto — quando **o caráter nacional é corrupto, a nação se autodestrói.**

Há um velho ditado que diz: **"Quando a riqueza se perde, nada se perde. Quando a saúde se perde, algo se perde. Quando o caráter está perdido, tudo está perdido."**

> A força do caráter é a base de todas as grandes realizações.

## CONSTRUINDO CARÁTER

Caráter não é um presente, é uma realização. É construído pouco a pouco através do trabalho árduo. Uma vez uma senhora levou o filho de cinco anos ao diretor da escola para ser matriculado. Ela perguntou ao diretor:

— Quando é uma boa hora para começar a ensinar o desenvolvimento do caráter ao meu filho?

O diretor perguntou:

— Que idade tem o teu filho?

Ela disse:

— Cinco anos.

O diretor disse:

— A senhora está cinco anos atrasada.

As pessoas de caráter vivem por valores éticos e morais. Elas confiam no seu sistema de valores internos para diferenciar entre o certo e o errado. Sua clareza de valores se reflete em sua tomada de decisão em todos os aspectos de sua vida.

O caráter constrói autorrespeito, o que, por sua vez, leva a uma autoestima elevada. O caráter é um composto de qualidades tais como integridade, honestidade, ética, consciência, lealdade, força mental, garra, coragem e muito mais.

> O caráter é mais fácil de manter do que de recuperar.

É como uma quebra de confiança, é muito difícil de reconstruir.

É como credibilidade — uma vez que você a perde, é muito difícil restaurá-la.

Uma pessoa pode ser capaz de restaurar a credibilidade e a confiança, mas o caráter, uma vez perdido, desaparece para sempre.

### CARÁTER — NATUREZA OU NUTRIÇÃO?

Caráter não é algo com que nascemos, é um comportamento "aprendido". O caráter é baseado no nosso sistema de valores. Os valores que nos ajudam quando enfrentamos o mundo real.

A vida é uma jornada moral e espiritual. Um treinamento completo da cabeça e do coração é necessário para construir um bom caráter. Não faz sentido esperar que vamos tropeçar em algo que acabará por gerar valores duradouros. Um caráter bom e forte é resultado da prática de um bom comportamento com disciplina.

Quando nwos encontramos em terrenos desconhecidos, é o nosso caráter que nos ajuda a identificar os pontos fortes e fracos e nossos dos outros. Nos dá a sabedoria para identificar o que é bom para nós. Nos ensina o que procurar e o que ignorar, quando lutar e quando ir embora, quando pedir conselhos e quando tomar as nossas próprias decisões.

## MITO — ADVERSIDADE CONSTRÓI CARÁTER

Nós ouvimos muitas vezes que "a adversidade constrói caráter". Essa declaração tem pouquíssima verdade. A adversidade revela mais caráter do que constrói. Um atleta não se prepara no momento da competição.

Ele só revela a sua preparação na altura da competição. Continua praticando e se preparando durante toda a sua vida e constrói uma reserva. Quando compete, utiliza a sua reserva e mostra a sua preparação.

O caráter não se constrói no momento da adversidade. É como uma reserva que se constrói ao longo da vida. Quando há uma adversidade, nós podemos superá-la se construímos uma reserva de caráter. Se não, então a adversidade nos dominará. Um general não se prepara no momento da guerra, pelo contrário, a preparação começa muito antes da guerra ser declarada. Ocorre durante o tempo de paz.

O caráter nos ajuda a vencer a tentação de nos desviarmos da rota. Caráter pode ser bem descrito como "o que uma pessoa faria ou não, se soubesse que não seria pega".

**O desenvolvimento do caráter não acontece da noite para o dia. É preciso tempo e esforço.** Não é fácil, mas as recompensas são inestimáveis. Em qualquer boa sociedade, os valores duradouros só podem ser sustentados através de um desenvolvimento de caráter eficaz. **Os três pilares do caráter são: integridade, respeito e responsabilidade**. Esses são os valores fundamentais. Os valores fundamentais são princípios pelos quais viver; são a base da qual emana todo comportamento, resultando em consequências. Exemplos:

**Integridade:** Uma pessoa íntegra será honesta e sincera. Ela dirá sempre a verdade. Ela manterá a sua palavra. Ela é genuína. A consequência disso será que ela será confiável e ganhará credibilidade. Essa equação se aplica a tudo na vida.

**Respeito:** Uma pessoa que vive pelo princípio do respeito, respeita a si mesma, respeita os outros, respeita o ambiente etc. A empatia é um comportamento que emana do respeito. A consequência disso será um bom ser humano, com uma personalidade agradável e um trunfo para a sociedade.

Será fácil de se conviver e terá melhores relações.

**Responsabilidade:** Uma pessoa que vive pelo princípio da responsabilidade mantém o seu compromisso. Ela se torna fiel e confiável. A consequência disso será que é possível contar com ela e confiar nela.

Qualquer pessoa que viva de acordo com esses valores e princípios fundamentais, se torna um forte pilar sobre o qual assentam os relacionamentos e isso a faz se sentir segura. O que é uma relação se não faz você se sentir seguro? É vazia, oca.

## SELECIONAR CARÁTER

Nossas atitudes e filosofias de vida ficam tão entrincheiradas nos nossos pensamentos e sentimentos que se tornam nossas crenças. Ao contrário dos animais, que vivem por instinto, os humanos podem escolher seus pensamentos e construir seu caráter. A cada dia, podemos decidir, refletir, rever e melhorar as nossas vidas em um nível mais elevado de conduta.

Se, por meio da experiência, conhecemos o caráter de uma pessoa, então também podemos prever como alguém se comportaria em um conjunto específico de circunstâncias ou situações. Quanto mais formos capazes de julgar e avaliar o caráter de uma pessoa, mais fácil se tornará para nós escolher as pessoas com quem queremos nos associar, pessoal, profissional e socialmente. Por "pessoalmente", me refiro àqueles "com quem queremos estabelecer laços, incluindo o casamento". Por "profissionalmente", entendo aqueles "com quem queremos trabalhar"; e por "socialmente", entendo aqueles "que queremos eleger como nossos líderes".

Não conheço nenhum ser humano que não tenha deficiências morais. Todos nós temos. Não há nenhum ser humano que não tenha feito algo de errado através de um ato de omissão ou comissão. Será que um erro ou ato errado como esse torna uma pessoa desonrosa?

Infelizmente, muitas pessoas boas cometem erros e podem cometer alguns lapsos sem perceber ou por fraqueza. A fraqueza pode ser momentânea, mas as consequências são permanentes. É sempre o primeiro lapso que é difícil, mas depois se torna muito mais fácil e começamos a justificar o nosso comportamento. É por isso que é tão crucial lutar por ideais. Quanto mais nos aproximamos delas, mais honrados nos tornamos.

As empresas éticas têm demonstrado valores éticos e filantrópicos repetidamente. Por exemplo:

1. A *Seleções* parou imediatamente a publicidade de cigarros quando foi descoberto que "fumar causa câncer". A revista perdeu milhões em receitas, mas eles estavam comprometidos com o bem-estar de seus leitores.
2. Andrew Carnegie, fundador da US Steel, ao se aposentar no início de 1900, doou quase meio bilhão de dólares para a construção de escolas, faculdades e universidades públicas. Ele doou dinheiro para apoiar a educação e ajudar os alunos a esculpir o seu futuro.

> O teste de integridade só vem com a tentação. Até lá, é só especulação.

Eu estava hospedado em uma propriedade cinco estrelas chamada The Lalit, que era afiliada ao Intercontinental, em Mumbai. Dentro da minha suíte, ao lado da cama, havia uma mesa de cabeceira. Nela estava um relógio digital, que parecia esteticamente bonito, mas eu diria que provavelmente valia apenas uns dois dólares. Ao lado do relógio estava uma grande placa que dizia: "Este relógio é propriedade do hotel." Comecei a me perguntar por que eles tinham de pôr aquele letreiro.

Fiz essa pergunta aos participantes do meu curso. Recebi todo o tipo de respostas evasivas sem abordar o problema real, até que uma pessoa se levantou e disse que as pessoas roubam. Ela ainda acrescentou: "Há pessoas que pagam de quatrocentos a quinhentos dólares pela diária de um quarto em um hotel cinco estrelas, mas não pensariam duas vezes antes de pegar um relógio digital, que pode valer apenas alguns dólares." Obviamente, as pessoas que pagam esse tipo de dinheiro por uma noite em um hotel cinco estrelas não são pobres. Podem ser milionários, e até bilionários. As pessoas costumam pegar louças, talheres e roupas de cama em hotéis, e acham que estão sendo espertas ao invés de ladras. Muitas pessoas até se exibem orgulhosamente na frente de seus amigos e familiares dizendo: "Eu coleciono lembranças". Que tipo de modelos são eles? Que tipo de veneno estão espalhando na sociedade?

### JUSTIFICATIVA DO COMPORTAMENTO ANTIÉTICO

Nós ouvimos muitas vezes as pessoas dizerem: "Desde que seja legal, quem se importa?" ou "Temos que tomar decisões de negócios, não decisões éticas", ou justificarem: "Não sou tão mau quanto os outros, que são piores", ou: "Quando a cultura é desonesta, um mentiroso ocasional destaca-se como honesto."

A justificativa de um comportamento antiético não é mais do que conveniência. "Sou basicamente honesto" significa "desonestidade ocasional é aceitável". Quando isso é aceitável? Quando o preço está certo ou as apostas são altas. E o que isso significa? Que ou o risco é alto demais ou o lucro é demasiado, ou ambos.

Bem... a questão é: isso é aceitável?

### CARÁTER VERDADEIRO

Em algumas pessoas a falta de caráter se torna intrínseca.

Assim como um burro é um burro, permanece um burro e morre um burro.

> Um burro continua a ser um burro, não importa o que carregue.

- Um burro carregando uma carga de ouro não se torna um burro de ouro.
- Da mesma forma, um burro com um monte de diplomas e certificados não se torna um burro educado.
- Um burro que perambula por um lugar santo carregando livros espirituais não se torna um burro espiritual.

Warren Buffett disse: "Dos bilionários que conheci, aqueles que eram idiotas antes de terem dinheiro, são simplesmente idiotas com um bilhão de dólares."

### TEMPOS DESESPERADOS

Por que ter confiança e integridade se tornaram tópicos importantes nos dias de hoje?

Vivemos em tempos de desespero — nós precisamos desesperadamente de pessoas de caráter em todos os campos, pois há uma escassez terrível delas. Precisamos de pessoas que não possam ser compradas ou que não vendam a sua alma em troca de ofertas lucrativas.

- Aqueles que honrarão as suas palavras.
- Aqueles que irão valorizar o caráter acima da riqueza, cuja integridade não mudaria com a quantidade envolvida.
- Aqueles que não cederiam ao errado, cujas ambições não os conduziriam ao egoísmo, que não justificariam algo errado dizendo "todos os outros fazem assim".
- Aqueles que não acreditariam que a mentira e a vaidade são qualidades para ter sucesso.
- Aqueles que teriam a coragem de dizer não quando o resto do mundo diz sim.
- Aqueles que valorizariam relacionamentos maiores do que o expediente e cujo comportamento não mudaria com adversidade ou prosperidade.
- Em outras palavras, precisamos de pessoas **que tenham força de carácter**.

*Os realizadores constroem a força do caráter.*

# PLANO DE AÇÃO

- Avalie sua própria vida. De quais três maneiras você pode melhorar ainda mais o seu caráter?

i. __________________________________________

ii. __________________________________________

iii. __________________________________________

Sucesso sem integridade equivale ao fracasso.

# 11

# Integridade — um estilo de vida

*Integridade envolve a defesa de um código moral pessoal, não importa qual a consequência.*

Integridade significa que "não somos corrompidos e somos autênticos". Pessoas com integridade não mudam dependendo das circunstâncias. As suas ações e palavras são coerentes. Se tivermos uma doença médica e formos para o hospital, os médicos podem ter um desacordo sobre o porquê de estarmos doentes, mas estão totalmente de acordo sobre a aparência de um corpo saudável. O médico pode erroneamente nos deixar com um membro a menos, mas não nos deixará com um a mais.

**A integridade é importante. Tem impacto em todas as áreas da nossa vida. Impacto em todas as nossas relações.** Os nossos amigos são amigos porque confiamos uns nos outros. Eles deixam de ser nossos amigos quando a confiança desaparece. O fator confiança é desmantelado no momento em que a integridade é perdida.

Integridade não muda com o valor envolvido.

Tivemos um cliente inscrito no nosso programa de liderança, que tinha que nos enviar aproximadamente 79 mil rúpias. Por engano, 11 milhões de rúpias (aproximadamente um milhão e duzentos mil reais) foram creditados na nossa conta. O nosso contador reparou nisso pela manhã. Depois de fazer o balanço, ele veio a minha sala e disse em um tom leve:

— Ficamos ricos.

Perguntei:

— Por quê?

Ele disse:

— Um dos nossos clientes nos mandou dinheiro a mais, por engano, 11 milhões de rúpias. Verifiquei as contas duas vezes e é isso mesmo. Foi um erro dele.

Ele me perguntou o que devíamos fazer com esse dinheiro.

— Por que é que você está me perguntando? — questionei.

Ele não sabia o que fazer com o dinheiro?

Perguntei:

— E se eu estivesse viajando e sem comunicação, o que deveria ser feito?

Ele disse:

— Deveríamos verificar duas vezes a exatidão da transação, nos certificar de que não estamos cometendo um erro, caso contrário isso se tornaria um problema maior. Deveríamos informar o cliente e depois instruir o banco para reverter a transação.

Informamos o cliente em Muscat, que trabalhava com uma diferença de fuso horário de duas horas sobre o incidente, e quando souberam houve pânico. Começamos a receber chamadas, freneticamente. O nosso chefe de negócios lhes perguntou:

— Por que estão tão frenéticos? Em primeiro lugar, nós que os informamos, vocês nem sequer perceberam o ocorrido. E segundo, precisamos de algumas horas para dar instruções ao nosso banco.

Depois que a transação foi revertida, perguntamos a eles:

— Por que vocês estavam tão frenéticos?

Eles disseram:

— Nesta parte do mundo, o sistema legal não funciona, na verdade, nada funciona. Ficamos preocupados se conseguiríamos o dinheiro de volta, e se o conseguíssemos, quando o conseguiríamos. Vocês poderiam guardá-lo durante anos, já que o sistema legal não funciona. Além disso, a quantia envolvida era muito alta.

Dissemos-lhes que os nossos cursos se baseiam na integridade e que fazemos questão de praticá-la também no nosso escritório. Aprendemos uma coisa — a integridade não muda com a quantia envolvida. Se ela mudar com o valor envolvido, significa apenas que não temos integridade, nosso preço é diferente. Trata-se de "integridade superficial", que é posta à venda se o preço estiver correto. Brincando, nosso chefe de negócios mencionou que podemos ser estúpidos às vezes, mas não somos corruptos. Recebemos uma resposta que dizia:

[...] Gostaríamos de reconhecer que recebemos de volta a quantia excedente transferida por engano por nossos bancários para sua conta e agradecemos a você e a toda a equipe Shiv Khera pela pronta ação [...]

[...] Gostaríamos mais uma vez de registar os nossos sinceros agradecimentos pela sua pronta ação.

Atenciosamente,
Shekar Subramanian
Gerente — Finanças e Sistemas
Al Hashar Pharmacy L.L.C.C., Muscat, Omã

## ÉTICA

É um mito do mundo dos negócios: "Temos que ser realistas e são os números e lucros que importam. A integridade não entra em jogo." Isso não é verdade. Os homens de negócios éticos, que valorizam a sua credibilidade, tomam decisões diárias baseadas na integridade. Não fazem negócios com pessoas em quem não podem confiar.

Após o atentado de 11 de setembro de 2001 nos Estados Unidos, a bolsa de valores caiu. No entanto, em 2002, ela se recuperou. Mas, nessa mesma época, algumas grandes empresas como a Enron e a WorldCom saíram do mercado apenas por razões antiéticas. Na verdade, foi por causa de algumas grandes falhas corporativas; por razões antiéticas a bolsa de valores caiu novamente, e desta vez ainda mais do que durante o ataque terrorista. O que isso nos diz? Que o mercado temia muito mais comportamentos antiéticos do que ataques terroristas.

> O colapso moral é um perigo maior que um ataque terrorista. Onde a moralidade desmorona, os homens decaem!

**A questão da integridade tornou-se fundamental para todas as profissões**

Quando perguntamos "por que a integridade é importante?" precisamos também nos perguntar: "o que aconteceria se a integridade falhasse?" Todas as relações desapareceriam ou morreriam. A base de todas as relações é a confiança. Todas as relações são **governadas ética e moralmente.** "Posso confiar em você?" se torna a pergunta mais importante. A confiança é o ponto de partida. Quando os valores e as ações de uma pessoa não coincidem, resulta em um comportamento hipócrita. A nossa integridade revela o nosso caráter, revela quem somos. Esse é o ponto de partida da confiança.

A integridade de uma pessoa não é medida por seu status ou profissão, mas pela sua conduta. Exige uma distinção clara entre o certo e o errado. Requer coragem moral na busca de um ideal. Integridade combinada com entusiasmo e determinação fazem uma vida honrada.

> Uma pessoa honesta nunca pode ser um fracasso, não importa o que faça.

### OS BONS LÍDERES ACREDITAM FIRMEMENTE EM FAZER DA INTEGRIDADE UM ESTILO DE VIDA

Abraham Lincoln foi um advogado muito bem-sucedido. Uma vez alguém lhe pediu que aceitasse um caso. Depois de ouvir os fatos, Lincoln disse:

— Compreendo o seu caso. É... tecnicamente forte, mas eticamente fraco. Não posso aceitá-lo.

O homem insistiu:

— Estou disposto a pagar os seus honorários.

Lincoln respondeu:

— As taxas não são o problema. O problema é que, conhecendo os fatos como eu conheço, enquanto estiver discutindo isso na frente do juiz, vou ficar o tempo todo, no fundo da minha mente, dizendo para mim mesmo: "Lincoln, você é um mentiroso. Lincoln, você é um mentiroso." Não poderei viver com isso.

Interpreto o comportamento de Lincoln como: "**Vendo o meu tempo profissional, mas não a minha consciência.**" O que tiro disso é: nós **vendemos produtos e serviços, nós vendemos o nosso tempo profissional, mas não a nossa consciência.**

A integridade promove um sentimento de segurança e confiança. Dormir com a consciência limpa proporciona um sono mais sadio, e vem de uma vida vivida com integridade. Quando uma pessoa tenta sair de uma situação difícil através de meios desonestos ou injustos, na verdade ela multiplica seus problemas até chegar a um ponto sem retorno.

Em questão de integridade, permanecer em silêncio é um sinal de fraqueza e covardia. Mais mentiras foram contadas por **permanecermos em silêncio**, quando **devíamos ter falado**. Silêncio e integridade são duas coisas diferentes. Só porque uma pessoa está em silêncio não significa que tenha integridade.

> Pessoas fracas nunca podem ser sinceras, e covardes nunca podem praticar a moralidade.

**Qual é a diferença entre integridade e honestidade?**
**Integridade** significa "ter princípios morais fortes". Ela se reflete em caráter, moralidade, virtudes, justiça e ética; em como uma pessoa é correta e honrada.

**Honestidade** é "sinceridade, veracidade e livre de engano ou fraude".

**Uma pessoa pode ser honesta e não ter integridade?**
**A integridade é um sistema de valores, enquanto a honestidade ou desonestidade é um hábito.** As pessoas que constantemente dizem a verdade são apanhadas da primeira vez que dizem uma mentira. Agora inverta. As pessoas que mentem constantemente são apanhadas da primeira vez que dizem a verdade. Uma pessoa pode ser honesta e não ter integridade? A resposta é sim.

Por exemplo, um professor perguntou uma vez a um aluno:

— Filho, se você encontrasse uma carteira com uma grande quantia de dinheiro, o que faria?

O estudante respondeu:

— Se ninguém me estivesse me observando, eu ficaria com ela.

O professor disse:

— Filho, você é honesto, mas não tem integridade.

O aluno apenas demonstrou honestidade ao admitir ao professor o que ele faria, mas a escolha de manter a carteira que não lhe pertencia demonstrava falta de integridade.

**O oposto também pode ser verdadeiro?**
Será que não se pode ser honesto e ainda assim manter a integridade? Às vezes, quando surgem motins neonazistas, as multidões procuram pessoas inocentes para matar. Se dermos abrigo a uma pessoa inocente e mentirmos à multidão, isso é ser desonesto em palavras, mas mostrar integridade na ação. Preferíamos ser honestos e ter uma pessoa inocente morta? Isso é integridade?

Suponhamos que eu vá falar numa conferência com centenas de pessoas e encontre o Osama Bin Laden no saguão. E ele me pergunta: "Tenho um pouco de T4 sobrando comigo e gostaria de explodir algumas centenas de pessoas. Acho que está tendo uma conferência por aqui. Pode me dizer onde?"

Agora, devo lhe dizer a verdade? Obvio que não!

**Cuidado:** Sem dúvida, o exemplo acima é um caso extremo. Que chance tenho de encontrar o Osama Bin Laden? Nenhuma. Mentir, mantendo a integridade, é um fenômeno raro — não acontece todos os dias. Há algumas pessoas que são mentirosas crônicas e que justificam o seu comportamento desonesto dizendo: "Estou sendo diplomático."

## MANTER E SUSTENTAR A INTEGRIDADE

Uma sabedoria antiga diz: "Tudo o que é comprado ou vendido não tem valor a menos que contenha o segredo e o ingrediente inestimável que não pode ser negociado". O que é isso? É a credibilidade, a honra e a integridade de quem a faz. Não é tanto um segredo, mas não tem preço. O produto final reflete a integridade da pessoa que colocou seu coração e alma em fazer isso.

Vejamos outro exemplo de falta de integridade.

Três executivos que eram amigos de infância saíram para um almoço pessoal. Quando a conta chegou, eles discutiram sobre quem pagaria.

Um disse:

— Vou pagar, posso obter uma dedução fiscal.

O outro disse:

— Deixe-me ficar com ela, vou ser reembolsado pela minha empresa.

O terceiro disse:

— Deixem-me pagar, vou pedir falência na próxima semana.

**A integridade exige que tenhamos coragem:**

1. Para dizer não à mentira.
2. Para enfrentar a verdade.
3. Fazer a coisa certa porque é o certo.

### Integridade e valores

Honestidade e desonestidade são traços aprendidos: não são domínio dos prósperos nem dos pobres. Ou se é honesto ou desonesto. Pessoas com baixa autoestima não têm problemas em comprometer seus valores por motivos ocultos. Pessoas com integridade são impulsionadas mais pelo desejo de fazer a coisa certa do que pelo desejo de não ser pego. A honestidade genuína não procura ocultação ou camuflagem.

As pessoas que não têm integridade acreditam que a honestidade as restringe. Na verdade, é o oposto. A honestidade liberta as pessoas do medo de serem pegas. Ajuda a criar um ambiente de confiança.

**Pratique integridade e honestidade**

Uma pessoa com alta autoestima preferiria não transgredir nada em qualquer relacionamento dizendo mentiras. Por quê? Porque, para ela, a sua credibilidade é mais importante do que a transgressão. Ela não vai pôr um preço na sua credibilidade. A validação da integridade deve ocorrer a partir de dentro.

> Integridade forçada não é integridade.

### TENTANDO RACIONALIZAR O ERRADO

Às vezes as pessoas pensam que um roubo não é realmente considerado assim se passa despercebido, ou se a outra pessoa tem coisas demais.

Levar coisas que não nos pertencem sem permissão, mesmo com a intenção de repor, é roubar.

É uma prática comum que as pessoas peguem e coisas que não lhes pertencem e racionalizem o seu comportamento.

Uma vez, em uma mercearia em Nova Jersey, comprei um pacote de lâminas de barbear descartáveis por 7,95 dólares. Como eu estava passando pelo caixa, um funcionário escaneou a lâmina de barbear e a tela leu 11,95 dólares. Uma vez que eu tinha observado cuidadosamente o preço, disse ao balconista que havia um erro e que o preço deveria ser de 7,95. Ele verificou o seu registro e disse:

— O preço correto é 11,95 dólares.

Para resolver o problema, ele ligou para o gerente, que queria ver de onde eu tinha pego o pacote de lâminas. Depois de ver onde o pacote de lâminas de barbear estava disposto, e que tinha sido etiquetado a 7,95, ele verificou seus registros e disse que o pacote havia sido colocado na prateleira errada. O preço correto era de fato 11,95. Quando eu estava de saída, notei que ele não me tinha cobrado pelo maço de lâminas de barbear. Perguntei:

— Senhor, há um erro na conta, você não me cobrou pelas navalhas.

O gerente disse:

— Não há nenhum engano. É política da nossa loja que, se o erro teve origem na loja, que o produto seja uma cortesia.

Eu disse:

— É um erro honesto e pode acontecer a qualquer um. — Eu ainda me ofereci para pagar. — Obrigado por ser tão generoso, mas pelo menos aceite o preço na prateleira, 7,95.

Mais uma vez, ele educadamente se recusou a aceitá-lo e disse:

— É nossa política de loja que se o erro se originou da loja, nós o damos de cortesia. Por favor, aceite.

Agradeci e fui embora. Narrei esse incidente numa reunião social e, para minha total decepção e repugnância, a primeira reação que obtive de algumas das pessoas presentes foi: "Da próxima vez que for a essa loja, vou levar um artigo de uma prateleira com preços mais altos, colocá-lo em uma com preços baixos e possivelmente conseguirei não pagar."

Cheguei à conclusão de que, para um vigarista, só um caminho torto parece direito.

Isso lhe parece familiar? Tenho a certeza que sim! Isso é **degradação dos valores.**

Para algumas pessoas, posse implica propriedade. Só porque o tenho, não significa que seja meu. Indo pela mesma analogia, manter o troco extra dado erroneamente por um caixa ou não pagar por um prato que o garçom esqueceu de colocar na conta parece justificado. Esqueça a vergonha. Pessoas desonestas, na verdade, se sentem orgulhosas e se gabam disso.

Um exemplo semelhante que me vem à mente é o de uma jovem que disse aos amigos que ganhou um par de shorts de graça porque o caixa cometeu um erro e, por um lapso, não cobrou. Ela não sentia qualquer obrigação de pagar. Pensou: "A culpa foi dele. O erro foi dele, então eu ganhei."

Vamos analisar as repercussões do comportamento dela. A repercussão não a incomodou. Só poderia tê-la incomodado se ela tivesse consciência — só isso teria levantado muitas questões:

1. E se ela fosse a caixa da loja?
   Resposta: Possivelmente, ela teria que pagar por isso ou poderia até ter perdido o emprego.
2. E se ela fosse a dona da loja?
   Resposta: Ela teria de assumir a perda.
3. E será que, por ter escapado dessa vez com os shorts, ela não vai repetir um ato de desonestidade semelhante ou maior em outro lugar?
4. Ela sabia o que estava pondo em jogo?
5. Ela pode se olhar no espelho depois do que fez? Ela não estaria com um peso na consciência?

Não importa como analisemos, roubar e mentir são classificados como atos desonestos. Essa situação não requer qualquer análise. A resposta não é complicada — é simples. Uma pessoa honesta com integridade teria voltado e devolvido os shorts ou pago por eles.

## CUSTO DA DESONESTIDADE

O senso comum é que roubar de qualquer estabelecimento afeta negativamente seus lucros. O custo para substituir o bem roubado também aumenta o preço de venda, que tem de ser pago pelo consumidor. Além disso, há um custo para evitar roubos, que também absorve os lucros.

- De acordo com uma pesquisa realizada pela Associação Nacional de Prevenção de Roubos à Shoppings dos Estados Unidos: "O roubo de produtos provoca 13 bilhões de dólares em perdas anuais no país", o que dá aproximadamente 35 milhões de dólares por dia.[7]

Aqui estão alguns outros exemplos de roubo, trapaça e desonestidade:

- Roubar não é apenas sobre bens materiais; o vazamento de informações confidenciais de um empregador para um concorrente também é roubo.
- Publicidade falsa é outra forma de roubo.
- Além do desfalque, outro exemplo de roubo é levar material de escritório para casa sem o conhecimento do empregador.
- Fazer trabalho pessoal no tempo da empresa é outra maneira de roubar.
- Gastar tempo à toa durante as horas de trabalho é roubar.
- Não pagar o que é devido aos outros dentro do prazo combinado é roubar. Só porque o culpado não é facilmente identificado, não está absolvido da responsabilidade.
- Permitir que crianças pequenas vejam filmes inapropriados priva-as de sua inocência — isso é roubo.
- Falsificar documentos em escritórios — por exemplo, folha de ponto de entrada e saída de empregados; advogados, médicos e contabilistas que faturam horas falsas etc. — é roubar.
- Levar documentos do escritório ou roubar dados no pendrive é roubar.
- Um médico que faz testes e cirurgias inúteis está roubando.

## DIFERENTES FACES CRIATIVAS DA DESONESTIDADE

Muitas vezes ignoramos o mais óbvio. A desonestidade tem muitas caras. Os trapaceiros criaram algumas das formas mais inovadoras de ser

7. <http://smallbusiness.chron.com/stealing-affect-store-profit-37180. html>.

desonesto, enganar e roubar.

Uma vez uma fábrica que produzia muitas coisas, incluindo bolsas, enfrentava um problema de roubo. A gerência começou a inspecionar os pertences e bolsas de todos os funcionários, mas não encontraram nada. Mesmo assim os roubos continuaram. A pergunta era, o que é que os trabalhadores estavam roubando? Bem, eles estavam roubando as bolsas. Esse pequeno cenário pode parecer hipotético. Os guardas estavam tão concentrados em verificar o interior da bolsa que nem sequer prestaram atenção ao fato de que a coisa mais óbvia a ser roubada era a própria bolsa. Muitas vezes se assume que as coisas que são roubadas estão escondidas.

O óbvio foi ignorado.

### NOS PORTÕES DO CÉU

Um advogado morreu muito jovem. Com apenas 35 anos de idade, ele estava nos portões do céu.

Ele estava muito zangado e surpreso, porque tinha um longo caminho a percorrer na Terra. O dinheiro estava entrando tão depressa que ele tinha perdido a conta. Então, perguntou a Deus:

— Só tenho 35 anos. Por que me chamou tão depressa? Isso não é idade para morrer.

Deus respondeu:

— Verificamos o nosso departamento de contabilidade e, com base no faturamento dos honorários que você fez aos seus clientes, parece que você ultrapassou a idade de cem anos.

Isso pode parecer um pouco engraçado, mas coisas assim estão acontecendo no mundo real. Essa história prova que um **advogado com uma pasta pode roubar mais do que cem assaltantes com armas.**

*Os realizadores acreditam fortemente em fazer da integridade um estilo de vida.*

# PLANO DE AÇÃO

- Escreva três áreas nas quais você se compromete a superar a tentação para praticar a integridade:

i. __________________________________________________________

ii. _________________________________________________________

iii. ________________________________________________________

- Como a prática da integridade irá melhorar a sua vida?

i. __________________________________________________________

ii. _________________________________________________________

iii. ________________________________________________________

# 12
# CAMPEÃO OU TRAPACEIRO?

## CREDIBILIDADE DETERMINA A RENTABILIDADE

Há dois anos, eu falava com milhares de pessoas em Cingapura. Depois de terminar o meu discurso, alguém me fez perguntas muito pontuais.

- Maradona era um campeão ou um trapaceiro?
- Lance Armstrong era um campeão ou um trapaceiro?
- Tiger Woods era um campeão ou um trapaceiro?

Enquanto eu me preparava, alguém do público se ofereceu para responder. Eu disse: "Vá em frente." A sua resposta foi muito curta e objetiva: "Eram todos campeões até trapacearem ou até serem pegos." A resposta tem dois componentes:

1. A primeira significa que "eles eram campeões, mas deixaram de ser depois de terem trapaceado". Ser pego foi apenas acidental.

2. A segunda metade da resposta significa que "eles eram trapaceiros, mas essa foi a primeira vez que eles foram pegos. Então, para começar, não eram campeões".

A questão continua sem resposta. Foi a primeira vez que trapacearam ou foi a primeira vez que foram apanhados? A verdade pode permanecer um mistério para sempre.

Vamos avaliar as consequências de tais ações.

Sem dúvida, **a credibilidade determina a nossa rentabilidade**. Mas a rentabilidade não é a razão pela qual praticamos valores. Se praticamos valores por causa da rentabilidade, estamos atuando. Então devemos ir para Hollywood, ou Bollywood. Praticamos valores porque acreditamos neles. Essa é a diferença entre **reputação** e **caráter**. A reputação é "o que as outras pessoas pensam de nós", o caráter é "quem nós sabemos que somos"; e podem ser duas coisas totalmente diferentes. Algumas pessoas são honestas porque não querem ser pegas mentindo. Elas estão fazendo a coisa certa pela razão errada, enquanto algumas pessoas são honestas porque acreditam que é a coisa certa a fazer. Estão fazendo as coisas certas pela razão certa.

Em todos os exemplos abaixo, não há dúvida de que essas personalidades famosas construíram grandes reputações, mas comprometeram o caráter, perdendo milhões em receitas. Mas em comparação com a perda real, a perda financeira foi insignificante. O que elas perderam foi inestimável. Elas perderam a sua credibilidade. Perderam o respeito.

### 1. Lance Armstrong

- De acordo com a *ESPN*, "a decisão da União Internacional de Ciclismo (UCI) marcou o fim da saga que derrubou o ciclista mais condecorado na história da e expôs a trapaça em larga escala no esporte".[8]
- Após o relatório da Agência Antidoping dos Estados Uni-

8. <http://www.espn.com/olympics/cycling/story/_/id/8536389/uci- agrees-strips-lance-armstrong-7-tour-de-france-titles>.

dos (USADA), todos os patrocinadores de Lance Armstrong o abandonaram. O ex-ciclista de estrada americano, teria perdido 75 milhões de dólares em um dia, de acordo com o Cyclingnews.com.

- De acordo com o *The Guardian*, o relatório da USADA sobre Armstrong, publicado em 2012, "o acusou de liderar 'o programa de doping mais sofisticado, profissionalizado e bem-sucedido que o esporte já viu'. A UCI tirou seus sete títulos da Tour De France e o baniu para o resto da vida. Em 2013, o Comitê Olímpico Internacional retirou a medalha de bronze que Armstrong conquistou nos Jogos Olímpicos de 2000, em Sydney, na Austrália. Em uma entrevista com Oprah Winfrey, Armstrong admitiu ter usado drogas proibidas para melhorar o desempenho.[9]

**2. Diego Armando Maradona**

- Em 1991, Maradona, o famoso jogador de futebol argentino, foi reprovado em um exame toxicológico para cocaína, ganhando uma suspensão de quinze meses do esporte. Ele foi mandado para casa depois da Copa do Mundo de 1994, após ter testado positivo para um estimulante proibido.[10]
- Na Copa do Mundo de 1986, Diego Maradona conseguiu passar pelo goleiro da Inglaterra, Peter Shilton, para marcar um gol ilegalmente com a sua "Mão de Deus". O árbitro tunisiano Ali Bennaceur validou o gol em meio a protestos furiosos dos jogadores ingleses, provocando um debate caloroso, até hoje, sobre o uso de árbitros de nações menores em jogos importantes.[11]

A meu ver, não se trata de uma questão de "nações menores", trata-se

---

9. <2 https://www.theguardian.com/sport/2015/mar/09/lance- armstrong-cycling-doping-scandal>.

10. <http://english.ahram.org.eg/NewsAFCON/2017/131384.aspx>.

11. <https://af.reuters.com/article/sportsNews/idAFKCN0QN11P20150818>.

de uma grande questão de integridade. Isso levanta questões sobre a integridade não apenas de Maradona, mas também do árbitro.

### 3. Ryan Lochte

**A estrela de natação dos Estados Unidos, doze vezes medalhista olímpico,** teve uma perda de milhões de dólares por causa de um escândalo mentiroso. Mas o mais importante, a maior perda que ele sofreu foi a da sua própria autoestima. Ele inventou e mentiu sobre ser assaltado. O pior foi que, de acordo com um artigo na *Time*: "Ele ficou marcado como 'o americano feio' e 'o mais vergonhoso campeão olímpico americano'". Lochte sempre foi conhecido como um caça-publicidades. Ele usava uma grade de estrelas e listras nos dentes, tinha o cabelo loiro azulado, e estrelou um reality show. Mas agora ele está recebendo atenção por todas as razões erradas."[12]

- Patrocinadores como Ralph Lauren, Speedo e muitos outros retiraram seu patrocínio.[13] Que desgraça!

Além disso, esse é um exemplo típico de como as pessoas fazem tudo isso para compensar o sentimento de inadequação. Eles sentem que há um vazio e querem cobrir a insegurança.

### 4. Tiger Woods

A lenda do golfe Tiger Woods, um dos atletas mais bem pagos e um dos maiores golfistas do mundo, foi atingido por um escândalo sexual e consequente caso de divórcio. De acordo com a *Forbes*, ele foi o "primeiro atleta a ganhar um bilhão de dólares".[14]

Segundo o *New York Post*, "Tiger Woods foi exposto como um traidor em série". A mulher de Tiger o expulsou de casa com um taco de golfe depois de saber que ele tinha sido infiel.[15]

---

12. <http://time.com/money/4459036/ryan-lochte-rio-olympics-scandal-endorsements>.
13. <https://www.usatoday.com/story/sports/olympics/rio-2016/2016/08/22/speedo-ends-sponsorship-ryan-lochte/8909999284/>.
14. <https://www.forbes.com/2009/09/29/tiger-woods-billion-business-esporte-tigre>.
15. <https://nypost.com/2013/11/24/the-night-tiger-woods-was- exposed-as-a-serial-cheater/>.

De acordo com um estudo realizado por pesquisadores da UCDavis, "[...] os acionistas da Nike, Gatorade e outros patrocinadores de Tiger Woods perderam uma soma de 5 a 12 bilhões de dólares na esteira do escândalo envolvendo seus assuntos extraconjugais. Antes do escândalo, Woods ganhava cerca de 100 milhões de dólares por ano em renda de patrocínio, mais do que qualquer outro atleta.[16]

### 5. Volkswagen

A Agência de Proteção Ambiental (EPA) descobriu que muitos carros Volkswagen vendidos nos Estados Unidos tinham sistemas de emissões de gases defeituosos.

- Volkswagen apresenta prejuízos profundos após perder os 18,28 bilhões de dólares em escândalo de emissões.[17]
- De acordo com a bbc, "A gigante alemã admitiu ter feito testes de emissões fraudulentos nos Estados Unidos".[18]

### 6. Bill Clinton

- De acordo com um artigo de *The Telegraph* de 12 de janeiro de 2003, a candidatura de Bill Clinton como chanceler da Universidade de Oxford enfrentou crescente oposição de professores que temiam que sua eleição colocaria em perigo a reputação da instituição e a virtude de seus estudantes. Suas mentiras sob juramento no caso Lewinsky e suas decisões de conceder perdões presidenciais a criminosos bem relacionados o tornaram impróprio para tal cargo.
  O dr. Jeremy Catto, decano sênior do Oriel College e um colega, de história medieval, disseram: "Ter Clinton como chanceler não contribuiria exatamente para a dignidade do

---

16. <https://gsm.ucdavis.edu/news-release/tiger-woods-scandal-cost- accionistas-12-bilhões>.
17. <https://www.wsj.com/articles/volkswagen-posts-deep-loss-after-taking-18-28-billion-hit--on-emissions-scandal-1461333307>.
18. <http://www.bbc.com/news/business-34324772>.

cargo. Tendo em conta o seu passado, não penso nem por um momento que as estudantes universitárias estariam seguras." Mark Almond, colega de Catto e conferencista, acrescentou que o sr. Clinton enfrentaria "alegações intermináveis de escândalo sexual. Está fadado a ser um problema". E acrescentou: **"Precisamos de uma mulher chanceler, não de um chanceler mulherengo."**[19]

*Para os realizadores, a credibilidade não tem preço.*

19. <Adaptado de: http://www.telegraph.co.uk/news/uknews/ 1418634/We-need-a-woman--chancellor-not-a-womanising-chancellor.html>.

# PLANO DE AÇÃO

- Desenvolver um alto padrão de ética pessoal
- Você consegue pensar em três casos em que você comprometeu a sua credibilidade?

i. ______________________________

ii. ______________________________

iii. ______________________________

- Como se sentiu ao comprometer a credibilidade?

i. ______________________________

ii. ______________________________

iii. ______________________________

- Escreva três coisas que você se compromete a fazer para manter a sua credibilidade:

i. ______________________________

ii. ______________________________

iii. ______________________________

# 13

# Encontre o equilíbrio

*Há um tempo para tudo, e uma estação*
*para cada atividade sob os céus:*
*Um tempo para nascer e um tempo para morrer,*
*Um tempo para plantar e um tempo para desenraizar,*
*Um tempo para matar e um tempo para curar,*
*Um tempo para demolir e um tempo para construir,*
*Um tempo para chorar e um tempo para rir,*
*Um tempo para o luto e um tempo para dançar,*
*Um tempo para espalhar pedras e um tempo para reuni-las,*
*Um tempo para abraçar e um tempo para se abster de abraçar,*
*Um tempo para procurar e um tempo para desistir,*
*Um tempo para guardar e um tempo para jogar fora,*
*Um tempo para rasgar e um tempo para consertar,*
*Um tempo para ficar em silêncio e um tempo para falar,*
*Um tempo para amar e um tempo para odiar,*
*Um tempo de guerra e um tempo de paz.*

A BÍBLIA, ECLESIASTES 3

Lady Isobel Barnett, esposa do prefeito de Leicester, era muito bem-sucedida e respeitada. Um dia, foi a uma loja de departamentos buscar algumas coisas e roubou uma lata de atum e uma caixa de creme. Ela fez isso porque tinha uma vontade irreprimível de pegar coisas sem permissão. Não conseguiu resistir ao roubo e foi apanhada pela câmera. No dia seguinte, o ato se tornou uma grande notícia. Sua reputação foi arruinada durante a noite. A humilhação enfrentada foi horrível. Por vergonha, ela cometeu suicídio. Para uma mulher como ela, roubar essas coisas mesquinhas era inimaginável; mas ela roubou porque seu condicionamento negativo ultrapassou seu comportamento ético. Ela não era ignorante nem inocente, estava plenamente consciente de suas ações. Ela sabia que o que estava fazendo era errado. Em termos médicos, esse desejo irreprimível de roubar é chamado de cleptomania; mas, na minha opinião, é um condicionamento negativo da mente subconsciente. Adquirimos falsas percepções e, se não forem corrigidas durante os anos de formação, elas se tornam habituais.

Lady Barnett era respeitada e próspera e, no entanto, suicidou-se por culpa. Foi certamente um ato extremo. Ela perdeu o equilíbrio. Agir por impulso pode parecer fácil, mas é difícil **conseguir um equilíbrio**.

Nos tempos de hoje, parece que todos nós estamos correndo rápido demais. No meio das inúmeras correntes sociais, somos afastados do nosso centro. Temos de encontrá-lo outra vez. Como? Atingindo um equilíbrio.

## ATINGINDO O EQUILÍBRIO

Se cairmos enquanto caminhamos sobre a relva, nada acontece, mas se cairmos enquanto andamos numa corda estreita, o jogo acabou. O que significa que, quanto mais alto formos na vida, maior será a responsabilidade e mais difícil será manter o equilíbrio. É preciso manter o equilíbrio. Quanto mais alto formos na vida, mais cuidados temos de ter.

**Há três tipos de pessoas neste mundo:**

1. **Os que têm língua solta:** eles falam muito, mas não fazem. Falam incessantemente, às vezes tolamente, e não fazem nada de produtivo. A maior parte da conversa deles é negativa e puxa as pessoas para baixo.
2. **Os que têm a cabeça nas nuvens:** eles sonham, mas não fazem. Essas pessoas desejam sempre que os outros façam o seu trabalho. Eles continuam passando o problema para outro. Sempre desejam que as coisas aconteçam, mas nunca fazem as coisas acontecerem.
3. **Os que têm espinha dorsal:** são fazedores e orientados para a ação. Têm a coragem de correr riscos calculados. São eles que fazem as coisas acontecerem, mantendo o equilíbrio.

Temos de encontrar um equilíbrio entre família e amigos, casa e trabalho, rendimentos e despesas, e até mesmo níveis de açúcar no nosso corpo — tanto o excesso quanto a falta são prejudiciais. Se tivermos dois filhos, temos de encontrar um equilíbrio entre ambos. Mesmo quando saímos de férias, temos de ter um equilíbrio. Encontrar um equilíbrio entre os valores intangíveis na vida é fácil, mas encontrar um equilíbrio entre os seguintes pode ser complicado e delicado:

- Emoções e lógica
- Relações e compromissos
- Gentileza e força

Essas são coisas que não aprendemos na escola nem na faculdade. As "leis da emoção" não são como as leis da gravidade — não são padrão em todo o mundo. "Um mais um" pode nem sempre ser dois nas leis da emoção, pode variar de três, quatro, cinco, e dez, ou mesmo ir para o negativo. Ao falar de emoções, os dígitos podem diminuir e fluir. É por isso que temos que encontrar um equilíbrio no que diz respeito à nossa família, trabalho, sociedade, emoções e relações.

A nossa saúde depende do equilíbrio do nosso corpo. Um edifício precisa de equilíbrio para se manter firme. O equilíbrio na vida é muito importante. Temos que encontrar um equilíbrio entre a nossos desejos e inspirações. Às vezes, as pessoas se tornam mais ambiciosas e autodestrutivas. Na verdade, sem equilíbrio no cosmos, tudo se autodestruirá. Você pode entender isso olhando para o nosso sistema solar — a Terra continua girando em seu próprio eixo, devido ao qual temos 24 horas, um dia e uma noite. Se a velocidade de rotação mudasse por uma fração, as coisas ficariam de pernas para o ar. Não teríamos dias e noites a essa altura, mas sim desastres e pesadelos. O equilíbrio na natureza nos mantém a funcionando corretamente. Veja o equilíbrio ecológico — quando as geleiras derretem devido ao aquecimento global, as cheias trazem o desastre, inundando países e afogando pessoas.

### UMA MENTE EQUILIBRADA

Mentes desordenadas podem causar catástrofes. Imagine que precisamos de uma cirurgia no cérebro. Quem a faria?

Quem procuramos? Obviamente, o melhor cirurgião da cidade — não o segundo ou o terceiro melhor, a menos que não tenhamos escolha. Como sabemos que ele é o melhor? Verificamos as suas credenciais, as suas qualificações e histórico. Descobrimos isso olhando para sua parede cheia de certificados, testemunhos e fotos. Conhecemos sua credibilidade pelas cirurgias que fez em algumas das maiores celebridades do mundo. Talvez ele tenha realizado algumas das cirurgias mais complicadas e todos na cidade se referem a ele como o melhor. Não há dúvida de que é o melhor, por isso concordamos prontamente com a cirurgia. Supondo que, pouco antes de entrar na sala de operações, a enfermeira chega e sussurra aos nossos ouvidos: "O médico perdeu a mulher ontem à noite. Desde esta manhã, todos reparamos que ele perdeu o equilíbrio. De alguma forma, ele não parece ser ele mesmo."

Agora, vamos fazer a cirurgia com ele? Provavelmente não! Por que, o que mudou?

- As credenciais dele não mudaram
- As qualificações dele não mudaram
- O histórico dele não mudou
- A experiência dele não mudou
- A sua credibilidade não mudou

Mas não queremos ser operados por ele porque não temos certeza de seu equilíbrio mental e emocional. Uma mente equilibrada é mais importante do que todos os graus, qualificações, conhecimentos e experiência juntos. Essa história pode ser imaginária, mas a mensagem é real. O necessário para ter sucesso na vida é **equilíbrio mental e emocional**.

### O INSIGHT É MAIS IMPORTANTE QUE A VISÃO

Se ficarmos presos no trânsito, perdemos a nossa calma. Quem está nos controlando? A nossa mente está, mas o seu equilíbrio está abalado. Quando o tempo muda lá fora, ficamos perturbados interna e emocionalmente. O nosso equilíbrio está perturbado. Vemos coisas à nossa volta, mas muitas vezes esquecemos coisas dentro de nós.

Vivemos num mundo de controles remotos.

- Quando uma pessoa passa pela frente do nosso carro de repente, e nós ficamos loucos e emocionalmente desequilibrados, quem tem o controle remoto? A outra pessoa. Se coisas semelhantes acontecem vinte vezes por dia, vinte vezes entregamos o nosso controle remoto a outra pessoa.
- Quando vamos comprar alguma coisa e o caixa estraga tudo na loja, ficamos furiosos. Damos o nosso controle remoto ao caixa. Se tivermos de esperar mais uns minutinhos, ficamos furiosos e damos mais um controle remoto.
- Se o funcionário da lavanderia estraga as nossas calças, ficamos furiosos e damos outro controle remoto a ele.

- Se vamos a uma reunião e alguém diz que não gosta de nós, nós passamos outro controle remoto para eles.

Os exemplos acima demonstram perda de equilíbrio mental.

A moral é muito clara — todas são questões da vida real e não podemos viver em negação, mas não podemos continuar a entregar os nossos controles remotos a outras pessoas. Não podemos permitir que outros operem sobre nós ou nos influenciem na medida em que perdemos o controle sobre nós mesmos, de forma disruptiva. Não devemos permitir que a vida nos deixe à deriva. Precisamos nos tornar o general do nosso próprio exército. Se queremos testar a nossa força mental, devemos contar:

- Quantas vezes em um dia nós ficamos emocionalmente perturbados?
- Quantas coisas nos perturbam todos os dias?
- Qual é o tipo de coisas que nos perturbam todos os dias?

Quanto mais essas coisas nos perturbam, maior o número de vezes que entregamos nossos controles remotos e ficamos mais fracos. Isso significa apenas que precisamos estar conscientes de nós próprios e controlar o nosso equilíbrio mental e emocional.

> Não só temos de ser condutores cuidadosos, como também temos de ser cuidadosos e nos proteger de condutores descuidados.

Não bebemos e conduzimos, mas temos de nos proteger dos condutores bêbados. É assim que nos salvamos dos impulsos emocionais.

**FORA DO PLANO DE ESTUDOS!**

Nem todos os desequilíbrios na vida são autogerados. Muitas vezes, os estudantes se queixam de perguntas nas provas fora do plano de estudos. Quando os alunos continuam se queixando de tais coisas, eles realmente implicam que têm o direito de falhar. Lembre-se de que, na vida, surgem muitas situações que estão "fora do plano de estudos". Temos de ser guiados por uma bússola moral, que nada tem a ver com o programa de estudos. Uma vez que terminamos nossa educação acadêmica, temos que passar pela vida lidando com tudo fora do plano.

Quando nos casamos, temos um checklist ou um programa? Obviamente que não. Quando nos casamos, a família do companheiro vem com a união. Muitas vezes, precisamos e possivelmente até queremos interagir com eles. Eles vêm com um programa de estudos? Com que programa se pode trabalhar? Nenhum. De um modo geral, verificamos que só a pessoa que não está preparada é que se queixa de que as perguntas estão fora do programa.

Às vezes, mesmo com o melhor equilíbrio, as coisas ainda podem dar errado e podemos ser postos à prova. Depois de um dia agitado no trabalho, você vai para casa e encontra algo errado com o vizinho. Ele deixou a lata de lixo transbordando aberta na sua porta da frente. O mau cheiro é insuportável e, além disso, já começou a atrair moscas e insetos. Um teste de equilíbrio pode estar à sua espera. O que é que você faz? Vai ficar quebrando sua cabeça ou vai pensar em um cenário que resolva o problema do mau cheiro e da infecção sem interferir em sua paz interior? A maneira apropriada é educadamente fazer com que o seu vizinho tome consciência dos riscos a que ambas as famílias estão expostas. A segunda maneira é apenas chamar a autoridade do edifício e deixá-los resolver a situação em vez de você correr para uma discussão acalorada, batendo de frente com o seu vizinho. Agora vamos dar um passo adiante. E se as autoridades não corrigirem a situação? Poderia haver múltiplos "e se" que ainda podem estar além do seu controle. O que você faz então? Eventualmente, tudo se resume a "devemos manter um equilíbrio" ou "devemos perder a calma?". Manter o equilíbrio nos coloca no comando, estamos no controle, não importa o que aconteça, e nossa capacidade de tomar decisões se torna muito melhor. Mas, se perdermos a calma, ficamos emocionalmente perturbados e a nossa capacidade de decisão fica distorcida. Não importa qual seja a situação na vida — a chave é manter O EQUILÍBRIO INTERNO.

> Realizar mais não só requer a presença de equilíbrio, mas também a superação do desequilíbrio.

**A VIDA É UMA QUESTÃO DE ESTABILIDADE E EQUILÍBRIO!**

Todas as grandes conquistas da nossa vida dependem da saúde das nossas mentes.

Há uma história de um homem rico que tinha centenas de acres de terra, uma enorme mansão, e artigos colecionáveis raros de todo o mundo. Um dia, ele chamou um professor espiritual e começou a mostrá-lo a sua linda e enorme mansão.

Depois de quase terminar de mostrar a mansão, ele levou o professor para a última sala, onde havia um menino trancado numa gaiola. O professor ficou bastante chocado e, surpreendido, perguntou ao homem rico:

— Por que você colocou este menino nesta gaiola como um animal selvagem? Quem é ele?

O homem respondeu:

— Ele é o meu único filho e o herdeiro de tudo o que possuo neste mundo, mas é mentalmente instável. Tentamos os melhores médicos do mundo, mas em vão.

O professor disse:

— Mas ele é o seu único filho.

O homem rico disse:

— Eu sei, mas ele não sabe que é o meu único filho.

Então o professor apontou uma observação que tinha feito:

— Os empregados estão desfrutando muito mais da riqueza desta casa do que o seu herdeiro.

Isso nos leva a entender que a **força da mente é mais crucial do que riqueza e fortuna**.

> A estabilidade da mente é mais importante do que a educação, a riqueza ou mesmo o status.

Vamos ver outro exemplo.

Margaret Thatcher era considerada a "Dama de Ferro". Ela era muito respeitada. Quando ela falou, o mundo ouviu. Essa era a força dessa senhora. Esse era o seu poder, mas, infelizmente, antes de morrer, sofreu de mal de Parkinson. Ela não podia encontrar nem reconhecer ninguém. Ela não sabia o que dizia ou a quem. Tinha perdido a sua estabilidade mental. A outrora primeira-ministra do Reino Unido, a senhora mais poderosa, tornou-se uma "ninguém" desde que perdeu a estabilidade da sua mente.

Não seria exagerado dizer que os Estados Unidos são o país mais rico e poderoso do mundo e que a pessoa mais poderosa do mundo é o seu presidente. No entanto, de acordo com a constituição americana, se for provado pelo órgão competente que se o presidente dos Estados Unidos está mentalmente doente ou instável, ele pode ser destituído do cargo. A estabilidade da mente é a qualidade mais poderosa de qualquer pessoa no mundo, independentemente da posição e da educação. Quando as pessoas mais poderosas do mundo precisam de estabilidade, não precisamos dela também?

Platão disse, com razão: "A autoconquista é a maior das vitórias."

## SOMOS VÍTIMAS DE SUCESSO PÚBLICO E FRACASSO PRIVADO?

Um homem foi a um psiquiatra e disse:

— Tenho uma tendência suicida. Sinto-me sempre deprimido. Não quero viver. Quero me suicidar.

O médico o verificou, conduziu todos os testes e disse:

— Não encontro nada de errado com você. Posso lhe fazer uma

sugestão, a tome como receita médica. Há um circo na cidade. Por que não vai lá duas vezes ao dia? Tenho certeza de que você vai se divertir muito. Eles têm um palhaço que nos faz rir histericamente. Ele é muito engraçado e tem um grande senso de humor. Você vai começar a rir e a se sentir no topo do mundo. Sempre que me sinto para baixo, também vou lá só para rir e retornar com o espírito elevado.

O homem respondeu:

— Doutor, tenho um problema muito diferente, eu sou aquele palhaço.

Esse é um excelente exemplo de alcançar o sucesso publicamente, contudo fracassar privadamente, e isso é chamado de sucesso público, mas fracasso privado.

O dr. John Gray, autor de Homens são de Marte, mulheres são de Vênus, ajudou muitas famílias que estavam se desintegrando e as uniu. Mas, infelizmente, ele próprio se divorciou.[20] Aqui estava uma pessoa que estava ensinando e pregando sobre manter relacionamentos positivos que ele mesmo não era capaz de sustentar. Na ausência de fatos, não estou em posição de apontar um dedo, talvez apenas de salientar uma contradição! Mais uma vez, um exemplo de sucesso público e fracasso privado.

Muitas vezes, caímos na armadilha de manter um estilo de vida que nos dá sucesso público, mas fracasso privado. É por isso que é crucial sondar o que há dentro de nós e "conhecer a si próprio". Muitas escrituras dizem a mesma coisa. Devemos dominar o mundo interior antes de dominarmos o mundo exterior.

Quando falta contentamento interno, o sucesso não significa nada. O sucesso é uma experiência, um sentimento. Não podemos fazer ninguém se sentir bem-sucedido. O sentimento deve vir de dentro. É por isso que muitas vezes o que parece ser um sucesso externo pode ser um vazio total internamente. Não admira que celebridades e bilionários considerados bem-sucedidos, como Elvis Presley, Marilyn Monroe e Michael Jackson, usavam drogas e/ou cometeram suicídio. O mundo os

---

20. Fato derivado de <https://www.marsvenus.com/john-grays-life-story.htm>.

considerava bem-sucedidos, mas eles se sentiam-se vazios por dentro. Estes são alguns exemplos de sucesso público, mas fracasso privado. O sucesso sem realização é vazio. É como boa aparência sem bondade. Devemos ter substância sobre forma, não forma sobre substância.

## SUCESSO PRIVADO, FRACASSO PÚBLICO

Muitas pessoas já ouviram falar dos irmãos Wright, conhecidos nos Estados Unidos por terem inventado o avião. De acordo com a Wikipédia, no entanto, e algo que a maioria das pessoas não sabe, é que o avião foi realmente inventado antes dos irmãos Wright, pelo dr. Stephen Langley, e teve seu primeiro voo bem-sucedido em 1896. A maioria das pessoas estava cética após seu acidente no dia 8 de dezembro de 1903. Langley, provavelmente desanimado, largou a máquina no armazém. Ele morreu de coração partido. Poucos dias depois, os irmãos Wright fizeram o seu primeiro voo de sucesso, em 17 de dezembro de 1903. A parte trágica foi que a própria máquina voadora que o dr. Langley tinha feito e descartado foi pilotada com sucesso por Glenn Curtis em 1914. Infelizmente, o dr. Langley nunca pôde alcançar o sucesso público.

**Por conseguinte, é evidente, a partir desses casos, que é necessário manter um equilíbrio para obter êxito, tanto a nível público como privado.**

Continuamos querendo tomar conta do mundo exterior, enquanto muitas vezes esquecemos de controlar o mundo interior. O mundo interior é mais importante que o exterior. Não vemos as coisas como elas são, mas como nós somos. É bem-dito que o maior erro é daquele que vê tudo ao seu redor, mas se esquece de olhar para dentro de si mesmo.

Vamos refletir sobre uma pergunta: qual é o nosso conceito típico de sucesso? Talvez queiramos ser o presidente, o chefe do país, ou o CEO de uma organização multimilionária. Veja o exemplo de Buda, que nasceu príncipe e teve um grande reino. Ele tinha muito, mas eventualmente largou tudo, conquistando o coração de todos ao redor do mundo. Hoje, quantas pessoas têm a quantidade de influência que Buda tem? Quase nenhuma! Ele perguntou em seu mundo interior para obter respostas — ele fez suas próprias descobertas. Nós não temos de ser o Buda, nem podemos ser o Buda. No entanto, temos que preservar o equilíbrio, cultivar a paz mental e, em seguida, buscar o sucesso mundial. Isso é o que pode nos trazer felicidade interior. As pessoas dizem que não podemos mudar o mundo, mas quem diz que não podemos mudar a nós mesmos? Continuamos procurando o caminho da felicidade sem perceber que a felicidade é o caminho.

*Os realizadores mantêm o equilíbrio entre o*
*que podem e o que não podem fazer.*
*Vivem entre o destino e o livre arbítrio.*

# PLANO DE AÇÃO

- A estabilidade da mente depende de como você lida com situações desafiadoras. Numa escala de 1 a 10 (1 sendo um controle fraco e 10 sendo um controle excelente), quantas vezes num dia você perde o controle:

i. Trabalho ______________________ | 1 | 2 | 3 | 4 | 5 | 6 | 7 | 8 | 9 | 10 |
ii. Casa ______________________ | 1 | 2 | 3 | 4 | 5 | 6 | 7 | 8 | 9 | 10 |
iii. Crianças ______________________ | 1 | 2 | 3 | 4 | 5 | 6 | 7 | 8 | 9 | 10 |
iv. Trânsito ______________________ | 1 | 2 | 3 | 4 | 5 | 6 | 7 | 8 | 9 | 10 |
v. Outros ______________________ | 1 | 2 | 3 | 4 | 5 | 6 | 7 | 8 | 9 | 10 |

Esse cálculo lhe dará uma estimativa de quantas vezes entregará o seu controle remoto a outra pessoa. Pondere e avalie.

- Anote três maneiras que você planeja manter o equilíbrio mental e emocional:

i. ______________________________________________
ii. ______________________________________________
iii. ______________________________________________

- A partir da avaliação acima, escreva três compromissos que você irá praticar durante os próximos 31 dias para permanecer no controle.

i. ______________________________________________
ii. ______________________________________________
iii. ______________________________________________

É muito mais fácil fazer a coisa certa na primeira vez, todas as vezes, do que explicar por que não o fizemos e corrigi-lo mais tarde.

# 14
# ORGULHO DO DESEMPENHO

*As pessoas que se orgulham do seu desempenho tomam posse e se responsabilizam por padrões muito mais elevados do que os outros.*

### QUAL É A MARCA DE UM BOM PROFISSIONAL?

Todos nós temos os nossos bons dias na vida e todos temos os nossos dias ruins. Há dias em que acordamos de manhã nos sentindo bem. O mundo fica bonito, a produtividade aumenta e os relacionamentos são muito melhores, não importa o que façamos, é fácil. Há dias em que não acordamos tão bem e não importa o que façamos, tudo fica mais difícil.

Qual é a marca de um bom profissional? A marca de um bom profissional é que em um dia bom ou ruim, seu desempenho permanece idêntico. Num bom dia, é fácil. Em um dia ruim, ele precisa se esforçar mais, **mas não compromete o desempenho**.

Muitas vezes, profissionais como cantores e palestrantes são agendados com um ano de antecedência. Como é que eles saberiam se na noite anterior ao evento poderiam ou não ter uma febre de quarenta graus? E de vez em quando, até têm. Mas no dia seguinte, quando sobem ao palco para atuar, não dizem ao público que o seu desempenho não será tão bom porque estão com febre. Eles não dizem nada, apenas se apresentam com o mesmo nível de excelência e o público nunca fica sabendo. A sua autoestima não os deixa vacilar. Há uma tremenda correlação entre autoestima e desempenho. Pessoas com alta autoestima executam não importa o que aconteça, mesmo quando isso dói. A sua autoestima faz com que ultrapassem a zona de conforto e faz com que se destaquem.

Vale a pena repetir que **os vencedores não comprometem o desempenho. Num bom dia, é fácil. Num dia mau, é exigido muito deles.**

> Não podemos justificar a má qualidade e mau comportamento por razões de conveniência ou rapidez.
>
> ---
>
> Os três grandes inimigos do progresso são a ignorância, a incompetência e a indiferença.

### OS ARTISTAS PROCURAM EXCELÊNCIA E NÃO PERFEIÇÃO

A perfeição é um objetivo elevado na vida. Invariavelmente permanece fora de alcance.

- **Um quadro perfeito nunca foi pintado.**
- **Uma sinfonia perfeita nunca foi composta.**

A perfeição é uma ilusão. No entanto, na busca da perfeição, acabamos por alcançar a excelência.

**Nunca se contente com nada menos que excelência** — a excelência é um modo de vida.

Aristóteles disse: "A excelência não é um ato, mas um hábito."

> A excelência não pode ser alcançada sem orgulho do desempenho.
>
> ---
>
> Pessoas que são conscientes sobre qualidade nunca produzirão resultados medíocres.

**As pessoas que se orgulham do desempenho fazem a coisa certa por paixão, não por compulsão.** Elas estão comprometidas com a excelência. Toda pessoa que se compromete a fazer o melhor não começa uma revolução, mas certamente faz uma contribuição positiva.

**Quando não atendemos aos padrões, há duas opções — ou aumentamos nossos esforços para atingir a meta ou reduzimos nossos parâmetros de referência.** Se optarmos por baixar os padrões de referência, a degradação se instala. A questão é: por que razão nos comprometemos a baixar os padrões? É porque aceitamos a degradação como um modo de vida e pensamos que a dificuldade não vale o ganho.

Quanto mais comprometemos nossos parâmetros de referência, maior é a degradação e o dano. Os profissionais de alto desempenho aumentam os seus esforços para atingir a meta.

As pessoas que se orgulham de seu desempenho têm alguns atributos particulares:

1. São sinônimo de qualidade. A excelência se torna sua marca distintiva.
2. Estabelecem padrões de referência mais elevados para si próprios.
3. Se responsabilizam pelos resultados.
4. Dão sempre mais do que aquilo que recebem.
5. Estão absortas na aprendizagem contínua.
6. Se esforçam para a melhoria contínua.

7. São automotivadas e se esforçam para fazer a coisa certa da primeira vez, todas as vezes.
8. São orientadas para os resultados. Entregam, não importa o que aconteça.

> Um bom artesão mede duas vezes antes de cortar. Um mau artesão culpa constantemente suas ferramentas.

**ORGULHO NOS ERROS**

Temos uma prática em nosso escritório: sempre que estamos contratando alguém, pedimos ao candidato que faça uma pequena transcrição, sem realmente apressá-lo. Só quando ele estiver acabado completamente e satisfeito com a sua tarefa é que imprimimos o texto. Então avaliamos as partes sublinhadas de vermelho. Obviamente, é vermelho por causa de um erro de ortografia ou de espaçamento. Nesse caso, lhe perguntamos: "Por que a linha vermelha está aparecendo?" Ele diz: "Ah, me esqueci de verificar a ortografia. Normalmente faço isso, mas hoje pensei que vocês estavam com pressa..." A questão é, se uma pessoa normalmente verifica a ortografia, por que não o faria desta vez? Ele está dizendo a verdade? Demos tempo suficiente sem apressá-lo, por isso é óbvio que ele normalmente não verifica. Então, se estamos o contratando, o que estamos fazendo? Estamos arrumando problemas.

Encerramos a entrevista ali mesmo. É uma derivação muito simples: se ele se orgulhasse do seu desempenho, não teria feito uma verificação ortográfica? Ele não ia querer entregar um rascunho sem erros? Uma pessoa que veio para uma entrevista de emprego está obviamente procurando ser selecionada. Se esse é o seu maior esforço, consegue imaginar qual seria o menor? Essa pessoa tem orgulho dos erros e não do desempenho.

Tais correções são uma questão de apenas alguns segundos. As pessoas que têm orgulho do desempenho nunca baixam seus padrões nem aceitam nada menos que a excelência. É o compromisso com a excelência que constrói a reputação de ser uma pessoa de qualidade, que oferece resultados de qualidade.

### SOMENTE PESSOAS DE QUALIDADE ENTREGAM RESULTADOS DE QUALIDADE

Só quando consistentemente entregamos qualidade ganhamos credibilidade, respeito e admiração. Na maior parte do tempo, a vida nos dá quatro escolhas — pobres, justas, boas e excelentes. O quão alto nós subimos na vida dependerá do que escolhermos. Alguém disse uma vez: **"Cada trabalho é um autorretrato da pessoa que o faz. Autografe o seu trabalho com excelência."**

Uma vez perguntaram a um grande escultor dinamarquês: "Qual é a sua melhor estátua?". Sem pensar duas vezes, ele respondeu: "Ainda está por vir."

Um atleta de alto nível estava pronto para competir. Parecia bastante nervoso. Alguém lhe perguntou: "Por que você está tão nervoso?" A sua resposta foi: "Para competir com os outros, tenho de apostar 100%, mas para me manter no topo, tenho de apostar 150%."

Para obter o status de estar no topo em qualquer campo, é preciso apostar 150%.

As pessoas com orgulho do desempenho sempre colocam o coração em tudo o que fazem.

> Pessoas com orgulho do desempenho não trabalham pelo reconhecimento, mas fazem um trabalho que é digno de reconhecimento.

### TENTATIVA SEM INTENÇÃO

Pense em um cenário comumente praticado.

Suponha que digamos ao nosso secretário que transmita uma mensagem a um cliente e que lhe forneçamos também o número do cliente. Damos instruções claras sobre o que deve ser feito e lhe dizemos também para nos informar caso encontre algum problema. O secretário confirma que entendeu as instruções e pode facilmente lidar com elas. Ele aceita terminar o trabalho. No que nos diz respeito, essa tarefa é considerada concluída e, mentalmente, nos sentimos aliviados. De repente, uma semana depois, ao passarmos pelo corredor, perguntamos ao nosso secretário se a tarefa estava feita e ele responde:

— Não está.

Nós perguntamos:

— Por quê?

Ele responde

— Eu tentei o número, mas não consegui fazer contato.

Perguntamos:

— Então o que você fez?

A resposta que obtemos é:

— Nada.

Se analisarmos o cenário acima, o destinatário da tarefa não fez o trabalho nem nos informou sobre o trabalho não realizado. Nem fomos informados de que ele se deparou com um obstáculo. Ele não fez nada. No entanto, ele fez a primeira chamada e parou. As questões que surgem aqui são:

1. Esse é um comportamento responsável?
2. Ele tinha a intenção de fazer o trabalho?
3. Se ele tivesse a intenção de fazer, e se encontrasse um problema, ele não nos informaria e não procuraria ajuda?
4. Ele não fez o trabalho nem nos informou. Como se chama isso? Como você classifica esta questão? Seria:

i. Erro
ii. Negligência
iii. Má atitude
iv. Descuido
v. Desatenção
vi. Questões disciplinares
vii. Integridade

O que faltava no exemplo acima?

i. Prestação de contas
ii. Responsabilidade
iii. Administração
iv. Determinação

Na verdade, é tudo isso, e pode ser resumido como **TENTATIVA COM NENHUMA INTENÇÃO.** No exemplo acima, o secretário era profissionalmente qualificado para fazer o trabalho, mas não o fez. Somos responsáveis tanto pelas nossas ações quanto pelas nossas inações. Uma pessoa que tenta sem intenção, desiste no primeiro obstáculo. **As qualificações profissionais não fazem necessariamente um profissional — é preciso mais do que qualificações para ser um profissional.** A diferença entre um erro honesto e um erro torto é a intenção.

Só um esforço sincero dá resultados. A palavra-chave aqui é "de todo o coração". Esforços mais ou menos não dão resultados mais ou menos; dão resultados negativos ou prejudiciais. Muitas vezes, você já deve ter ouvido algumas pessoas dizerem: "Vou fazer uma tentativa" ou "Vou tentar". O que eles estão realmente dizendo é que: "eles vão tentar se funcionar bem, se não funcionar, eles vão parar." De fato, subconscientemente, eles planejaram desistir antes mesmo de começar. Partem de um mindset não comprometido e isso se reflete no seu comportamento. É fracasso garantido. Vão correr ao primeiro sinal de um problema.

> As pessoas procuram segurança no emprego, não percebendo que a maior segurança no emprego é o desempenho.
>
> ---
>
> Por outro lado, as pessoas apenas procuram por segurança sem responsabilidades, perdem grandes oportunidades.

Todos encontramos obstáculos; removê-los é algo que uma pessoa está comprometida em fazer. **Se não removermos os obstáculos, então somos** nós **os obstáculos.**

**Na vida, os resultados são recompensados, os esforços não.** Nós nos julgamos por nossas intenções, mas o mundo nos julga por nossas ações. As pessoas não são pagas pelas suas boas intenções, mas pelas **boas ações.** Há um velho ditado que diz: "O caminho para o inferno está cheio de boas intenções." **Uma pequena boa ação é melhor do que uma grande intenção. As boas intenções não são suficientemente boas. Elas precisam de ser apoiadas com boas ações.** O que pensamos ou acreditamos é de pouca importância. A única coisa que conta é o que fazemos.

Não podemos subir uma colina só de olhar para ela. As capacidades das pessoas são medidas pelo que acabam, não pelo que tentam. A parte triste da vida humana é que muitas pessoas aspiram a fazer coisas, mas poucas realmente aproveitam suas habilidades. Um pouco de habilidade bem utilizada é muito melhor do que muita habilidade não utilizada.

Todos nós temos uma lista de coisas que devemos fazer — tarefas, trabalhos, incumbências etc. A maioria das pessoas faz o suficiente para sobreviver. No entanto, a satisfação só vem ao ir mais longe. **A vida é como ser goleiro de um time de futebol. Não importa quantos gols defendemos. Ganhar ou perder depende de quantos deixamos passar.**

> Se queremos nos destacar, então temos que fazer algo extraordinário.

**Os astros são orientados para os resultados. Eles não arranjam desculpas.** Eles nunca dizem:

1. **"Eu pensei que todos sabiam disso":** essa é uma resposta típica dos que "não fazem" para garantir que ninguém os considere responsáveis.
2. **"Pensei que outra pessoa deveria fazer":** essa é uma grande

justificativa para a inação. Uma pessoa responsável deve fazer perguntas para manter as coisas no caminho certo.

3. **"Ninguém nunca me pediu para fazer isso" ou "ninguém nunca me falou sobre isso":** as pessoas que falam assim estão operando com persianas ou com uma visão de túnel, totalmente alheias ao que está acontecendo ao seu redor.
4. **"Eles deviam ter me respondido" ou "eles não me responderam" ou "eles vão me responder em breve":** todas estas respostas são uma demonstração total de falta de responsabilidade. Por quê? Porque esperar que outra pessoa responda nos coloca à sua mercê e impede a ação do nosso lado. É o que as pessoas fazem quando não querem tomar a iniciativa, mas apenas fingem envolvimento.
5. **"Não tive tempo" ou "estava com trabalho até ao pescoço":** quando as pessoas continuam dizendo tais coisas, muitas vezes é hora de avaliar se vale a pena mantê-las, pois a sua intenção é posta em causa.
6. **"Não pensei nisso" ou "não pensei que fosse importante fazer essas perguntas":** tais frases mostram a incapacidade ou relutância das pessoas em ver para além do seu nariz e em compreender o que está por vir.

**Todos esses são os obstáculos que põem em xeque a intenção de uma pessoa.**

**Os realizadores dizem que tem que fazer algo, os não realizadores dizem que algo tem que ser feito. Os realizadores agem. Os não realizadores reagem.**

Orgulho do desempenho não é um acontecimento, é uma atitude. Ele impacta a qualidade da produção em todas as áreas de nossas vidas, como relacionamentos, trabalho e contribuições sociais.

*Os realizadores estão cientes de que o orgulho do desempenho não é um ato — é um modo de vida.*

# PLANO DE AÇÃO

- Faça a sua própria lista de coisas que deve e não deve fazer. Liste três ações que você faria para fazer do orgulho do desempenho um modo de vida e três ações das quais você se absteria:

Devo fazer

i. ______________________________

ii. ______________________________

iii. ______________________________

Não devo fazer

i. ______________________________

ii. ______________________________

iii. ______________________________

# 15

# Acidentes não são acidentes

## A ATITUDE CASUAL LEVA ÀS BAIXAS

**Por falta de um prego um reino foi perdido** — essa é a história sobre como um reino viu a sua queda por pura negligência de alguém. Em meados do século XV, o rei Ricardo enfrentava uma das batalhas mais duras da sua vida. Tinha um exército forte e todos estavam preparados para derrotar o inimigo. Ele pediu o seu cavalo favorito para liderar as tropas. O ferreiro tinha posto ferraduras em todos os cavalos, mas ficou sem ferro para o principal cavalo do rei. Não tiveram tempo para esperar enquanto o inimigo avançava. Eventualmente, o ferreiro fixou a ferradura, mas não conseguiu garantir que ela aguentaria sem o conjunto completo de pregos. O cavalo do rei Ricardo não estava preparado. Os exércitos se confrontavam e, no meio da batalha, o rei continuava a encorajar suas tropas. Ele galopou à frente, mas mal tinha percorrido uma pequena distância quando a ferradura soltou, o cavalo tropeçou e ele foi atirado ao chão. O animal assustado fugiu e o rei estava sem cavalo. Seus soldados, incapazes de ver seu rei, ficaram desmoralizados e começaram a fugir também. Muito rapidamente ele foi capturado e a batalha acabou. Que pena! **Só pela falta de um prego, a história mudou para sempre.** Imagine o impacto de longo alcance de um prego. Nas palavras de Benjamin Franklin: "Por falta de um prego, perdeu-se uma ferradura; por falta de uma ferradura, perdeu-se um cavalo; por falta de um cavalo, perdeu-se uma batalha; por falta de uma batalha, perdeu-se um reino; tudo por falta de um prego de ferradura."

O que está acima é uma história verdadeira com inúmeras perguntas e lições.

1. Quem foi responsável pela falta do prego da ferradura? Obviamente, não foi o cavalo!
2. O rei sabia que o seu cavalo não estava preparado?
3. E, se ele sabia, por que não trocou de cavalo com outra pessoa?
4. Ou o rei foi enganado para acreditar que o seu cavalo estava preparado?
5. A questão é: ele estava mesmo preparado?
6. Se ele estava preparado, como é que eles não tinham todos os equipamentos e suprimentos?
7. Como é que eles não tinham ferro para calçar todos os cavalos?

Tudo isto se resume a:

1. **Integridade**
2. **Responsabilidade**
3. **Prestação de contas**
4. **Administração**
5. **Atitude casual**

Em algum lugar, a baixa ocorreu por causa da atitude casual de alguém.
Foi só o ferreiro que estragou tudo?
E o seu supervisor, e todos os supervisores acima dele, e o general?

Finalmente, e o próprio rei?

Isso significa que várias pessoas se enganaram. A sua atitude casual e despreocupada teve uma consequência muito desastrosa. Se alguém na cadeia de comando tivesse feito bem o seu trabalho, essa consequência poderia ter sido evitada. O exército do rei era forte, eles estavam quase preparados. Mas perderam!

As duas lições importantes aqui são:

1. **Quase preparado não é preparado.**
2. **Somos tão fortes quanto o nosso elo mais fraco.**

> A diferença entre fazer o certo e fazer o quase certo é a mesma diferença entre estar morto e estar quase morto. "Quase" não é bom o suficiente. Ninguém nas olimpíadas recebe uma medalha de ouro por 99% de realização.
>
> ---
>
> Quase terminado não está feito. Não existe nada como quase um século.

**EVITAR ACIDENTES**

Uma vez um fiscal pegou um trem e começou a inspecionar os bilhetes dos passageiros. Quando viu o do primeiro passageiro, descobriu que o passageiro tinha o bilhete errado. O fiscal disse: "Desculpe, senhor, pegou o trem errado. Terá de fazer a troca na próxima estação." Depois foi mais longe. Ele recolheu mais alguns bilhetes e descobriu que todos passageiros transportavam os bilhetes errados. Ficou surpreendido ao ver tantas pessoas cometendo o mesmo erro, até que percebeu que ele próprio estava no comboio errado. Ele estava verificando os bilhetes de todas as pessoas sem perceber que não tinha verificado se estava no comboio certo. Não enfrentamos situações semelhantes na vida, quando percebemos que não foi a vida que criou o problema, mas que nós mesmos estamos olhando para ela através da extremidade errada do telescópio? Nós somos o problema.

Antes de procurar respostas, temos de nos certificar de que temos as perguntas certas. A maior ignorância é quando não se tem consciência da própria ignorância.

### DEVERES ANTES DO RITUAL

Uma vez, um grupo de turistas estava saindo de férias para o topo de uma montanha. No sopé das montanhas, quando todos entraram no ônibus, os turistas notaram que o motorista foi para a frente, e com as mãos dobradas rezou por alguns minutos. Depois disso, começaram a subir a colina. Antes da metade do caminho, o motor começou a superaquecer, então o motorista teve que parar o ônibus. Quando ele verificou, descobriu que não havia água no radiador. Eles corrigiram a situação e recomeçaram a viagem. Apenas um pouco depois, o ônibus parou bem no meio da estrada. Dessa vez, foi porque ficou sem combustível e o galão reserva estava vazio. A ajuda chegou e os passageiros foram resgatados.

O motorista tinha rezado as suas orações, mas não fez o que deveria ter feito — não tinha verificado o radiador nem enchido o tanque de combustível. Ele não fez a devida diligência. Que bem fariam as suas orações se ele não fez tudo o que deveria fazer?

A moral da história acima é — **deveres e responsabilidades não podem ser substituídos por rituais.**

> Deus não ajuda aqueles que não ajudam a si mesmos.

O exemplo do fiscal pode parecer um pouco exagerado, mas o exemplo do motorista de ônibus não é ficção, mas uma realidade. O motorista não pode alegar ignorância. O único comportamento que ele demonstrou foi indiferença. E o que é a indiferença? É uma atitude não cuidadosa. E o que é a atitude não cuidadosa? É uma atitude casual. **Uma atitude casual leva sempre a acidentes.**

> As baixas podem ser causadas por vários motivos. No entanto, a principal causa é a indiferença ou a apatia.

Uma vez, uma senhora levou a filha de três anos com fortes dores no ouvido a um médico. O médico a diagnosticou com uma infecção no ouvido e, percebendo que a menina teria dificuldade em engolir comprimidos, prescreveu um xarope num frasco com conta-gotas e disse à mãe:

— Por favor, dê dez gotas cinco vezes por dia.

A mãe compreendeu e disse:

— Tudo bem.

E foi embora satisfeita. Dois dias depois, a menina foi levada para a emergência. O médico que deu a receita foi chamado para consulta. Ele perguntou à mãe se ela tinha dado dez gotas cinco vezes por dia, conforme prescrito. A mãe disse:

— Sim.

O médico perguntou:

— Como é que o deu?

A mãe disse:

— Dei dez gotas cinco vezes por dia na orelha.

O médico ficou chocado ao ouvir isso e disse:

— Eu lhe dei o xarope para ser usado oralmente, só porque percebi que a menina teria problemas em engolir comprimidos.

Veja a falha de comunicação nesta situação da vida real. Quem é o culpado? Quem deve ser o responsável por esse acidente? Obviamente, a história mencionada acima é um caso claro de falha de comunicação. O que causou o erro? Foi a atitude casual tanto do médico como da mãe, que não se comportaram de forma responsável para esclarecer as instruções. Nem o médico instruiu adequadamente, nem a mãe pediu instruções de esclarecimento.

Um caso muito claro de atitude casual que leva a um acidente.

- De acordo com o Washington Post, datado de 3 de maio de 2016: "A terceira principal causa de morte (250 mil) que ocorre nos Estados Unidos se deve a erros médicos e à negligência dos médicos e enfermeiros.[21]

Dar medicação errada, remover partes erradas do corpo ou falhas de comunicação ao transferir pacientes de um departamento para outro são exemplos de negligência.

Um pai, enquanto saía para trabalhar de manhã, notou um frasco de remédio na mesa com a tampa aberta. O primeiro pensamento que lhe veio à cabeça foi, "porque o frasco estava aberto?", e o segundo foi, "deixe-me fechá-lo". Mas ele olhou para o relógio e percebeu que estava atrasado. Sem pensar na situação, ele foi embora. Sua esposa também estava ocupada na cozinha fazendo tarefas. Poucas horas depois, ele recebeu um telefonema dela, que havia levado seu filho ao hospital em estado crítico, dizendo que a criança havia morrido. A causa da morte foi a dosagem de medicamento letal deixado aberto, descuidadamente.

O pai podia e devia ter se comportado de forma responsável, colocando o medicamento fora do alcance da criança. E se não fosse isso, então ele deveria ter informado sua esposa, para que ela o fizesse quando saísse de casa. Mas nesse caso, considerando o que estava em jogo, informar a esposa também não era a coisa certa a fazer, pois ela poderia esquecer. Ele devia ter feito ele próprio como uma prioridade.

Outra situação da vida real de atitude casual que leva à morte.

Há mais exemplos da vida diária para mostrar que a indiferença pode levar a causalidades. Por exemplo:

1. As bolas de naftalina são deixadas abertas nas casas. As crianças as acham atraentes e podem pô-las na boca. Pode ser fatal.

21. <https://www.washingtonpost.com/news/to-your-health/wp/2016/05/03/researchers-medical--errors-nowthird-leading- cause-of-death-in-united-states/?utm_term=.e526ed067be1>.

2. Tomadas elétricas são geralmente mantidas descobertas em casas, o que pode levar a baixas. Para torná-las à prova de crianças, devem ser cobertas.
3. As pessoas costumam ultrapassar as luzes vermelhas do semáforo para alcançar o seu destino mais rápido, convidando a um acidente.
4. Até mesmo os governos agem de forma negligente quando deixam buracos ou bueiros descobertos nas estradas para que os pedestres caiam e morram.

Em todos os casos acima referidos, as tragédias seriam evitáveis se a atitude fosse correta e responsável. Aceitar as suas responsabilidades poderia ter evitado que as baixas ocorressem. **Assumir a própria responsabilidade** é o que o mundo precisa.

### ACIDENTES NÃO SÃO ACIDENTES

Mark Twain disse uma vez: "É melhor ter cuidado centenas de vezes do que ser morto uma vez." Considere as estatísticas, segundo as quais oito em cada dez acidentes ocorrem não devido a condições inseguras, mas devido a ações arriscadas das pessoas envolvidas. Sempre que ocorrem acidentes, a tendência mais comum é procurar bodes expiatórios. Nessa altura, as pessoas procuram a "quem culpar" em vez de procurarem a raiz da causa. Estou certo de que todos nós fomos culpados de tal atitude ou comportamento nas nossas vidas. Se continuarmos com a mesma atitude, podemos não ter tanta sorte como tivemos no passado.

Um exemplo típico de violação das normas de segurança é enviar mensagens de texto ou falar no celular enquanto dirige. Enviar mensagens enquanto conduz é como beber e conduzir. Que convite aberto para um acidente! Todos os anos, nos Estados Unidos, aproximadamente meio milhão de pessoas são feridas ou mortas em acidentes de trânsito por mandar mensagens de texto e dirigir.[22] Não admira que muitos países tenham proibido o uso de telefones celulares durante a condução.

- De acordo com o *Daily Mail*: "Os motoristas estão mais distraídos do que nunca — e tirar os olhos da estrada por apenas dois segundos aumenta o risco de acidentes em 24 vezes."[23]

Esses dois segundos são suficientes para que um veículo a uma velocidade de 88 km/h cubra uma distância de cerca de dois campos de futebol. É como dirigir com uma venda.

**As seguintes atitudes causam acidentes:**

1. **Falta de concentração:** distrações podem levar a acidentes. Divagar, pensar em casa enquanto está no trabalho e no trabalho enquanto está em casa destrói as ações apropriadas de ambos os lados. Arrastar um problema ou pensar em algo ruim que aconteceu leva à falta de concentração e causa acidentes. Temos de aprender a parar. Distrações ou tirar os olhos mesmo para responder a um telefonema podem levar a um acidente.
2. **Não seguir os procedimentos de segurança:** uma atitude indiferente ou não cuidadosa pode pôr em perigo a vida das pessoas. A atitude casual em relação aos procedimentos de segurança pode levar a um acidente. Ignorar os procedimentos de segurança é uma má atitude. Isso não é inocência, é indiferença. Por exemplo, as pessoas que não usam cintos de segurança no carro.
3. **Ignorar ou seguir instruções incompletas:** quantas vezes não vimos uma pessoa no nosso escritório ser convidada a fazer uma tarefa, mas receber apenas instruções incompletas? Tal

22. <https://www.personalinjurysandiego.org/topics/facts-about-texting-driving/>.
23. <http://www.dailymail.co.uk/sciencetech/article-3000917/Drivers-distracted-taking-eyes-road-road-just-2-seconds-increases-accident-risk- 24-times.html>.

comportamento só compromete a segurança e o rendimento. O receptor deve sempre perguntar e esclarecer as instruções. Não é tolice fazer perguntas; é sempre tolice começar uma tarefa sem instruções.

4. **Complacência ou excesso de confiança:** a confiança excessiva traz arrogância. Traz a atitude: "Nunca acontecerá comigo." Tal atitude pode levar à indiferença. É uma receita para acidentes e lesões. **A confiança leva a bons resultados; a confiança excessiva leva a maus resultados.**
5. **Ser desorganizado e não planejar:** não pensar em um processo pode criar grandes desafios. Começar algo às pressas, sem um planejamento adequado, pode levar ao desastre. Portanto, um planejamento eficaz é um caminho inteligente para a segurança.
6. **Não ter orgulho do desempenho:** orgulho do desempenho resulta em bom desempenho e segurança. Evita todo o tipo de perigos. Estabelece normas para um bom ambiente.
7. **Procurar ganhos a curto prazo ao custo da dor a longo prazo:** todo mundo está procurando reduzir o tempo útil ou de gestação, portanto, procuram atalhos. **Atalhos que reduzem a segurança são classificados como falta de visão.** Todos nós gostamos de trabalhar de forma mais rápida e eficaz. Mas não deveríamos nos perguntar se, no processo de poupar tempo, estamos comprometendo a segurança. Se não fizermos esta pergunta importante, podemos estar aumentando as hipóteses de acidentes.

Quando arrancamos uma rosa de maneira desajeitada, não podemos reclamar dos espinhos que espetam nossas mãos. **Quando há descuido, um acidente não é uma coincidência.**

## ARROGÂNCIA LEVA A ACIDENTES

Uma das maiores tragédias que aconteceram por pura arrogância e atitude casual foi o naufrágio do inafundável Titanic. Ele aconteceu em 1912. O Titanic era, na época, o maior navio do mundo, pesando 46.328 toneladas, 882 pés de comprimento, transportando quase 2.500 passageiros. Estava equipado com todos os luxos incluindo piscina, ginásio, campo de minigolfe, salas de jantar luxuosas etc. O Titanic atingiu um iceberg no meio da noite, rasgando um buraco em cinco de seus dezesseis compartimentos impermeáveis. Afundou em poucas horas, matando 1.513 pessoas.

A parte mais infeliz desta tragédia foi que a tripulação e o capitão foram avisados de que iriam em direção ao iceberg. Eles foram avisados diversas vezes, mas ignoraram todos os avisos, totalmente preocupados com coisas insignificantes. O Titanic retirou o aviso com arrogância, dizendo: "Cale-se, está bloqueando os meus sinais." Essa tragédia poderia ter sido evitada? Uma resposta retrospectiva é: sim.

A tripulação do Titanic não só ignorou o aviso, como também não transportou barcos salva-vidas suficientes e o impensável aconteceu. O naufrágio do Titanic foi o preço pago pela arrogância e uma atitude casual.

Que triste exemplo de atitude casual que leva à morte.

*Se quer conseguir mais, não deixe que a*
*atitude casual leve a acidentes.*

# PLANO DE AÇÃO

- Escreva três incidentes que foram prejudiciais para a sua vida por causa da sua atitude casual:

i. ______________________________

ii. ______________________________

iii. ______________________________

- Como você pode melhorar uma atitude casual?

i. ______________________________

ii. ______________________________

iii. ______________________________

É uma obrigação moral
para cada pessoa
honrada ser próspera,
porque o dinheiro em
boas mãos faz o bem e
dinheiro em más mãos
faz o mal.

# 16

# TORNE-SE CONSCIENTE DA PROSPERIDADE

Seria uma afirmação justa dizer que o objetivo máximo de cada ser humano na vida é ser feliz. A felicidade só pode ser alcançada se tivermos as seguintes coisas:

1. **Saúde**
2. **Riqueza**
3. **Bons relacionamentos**

Nesse capítulo, vamos cobrir a **riqueza.** Para levar uma vida feliz e gratificante, um dos ingredientes mais importantes necessários é a riqueza. A riqueza não é vista apenas em termos de saldo bancário. É a riqueza física e a riqueza da relação em conjunto. Riqueza corresponde a **saúde** e **independência financeira**. É difícil ter saúde espiritual, emocional e física sem saúde financeira.

Cada sociedade está dividida em três grupos de pessoas — **próspero, pobre e medíocre**. Os pobres e os prósperos também podem ser divididos em **super-pobres** e **super-prósperos**.

Cada grupo tem um mindset diferente em relação ao dinheiro e aos objetivos. Nosso mindset e sistema de crenças têm muito a ver com a manifestação física da riqueza. Cada grupo recebe exatamente o que pensa. Um velho ditado, "Procure e você encontrará", é verdadeiro na nossa vida física.

O objetivo da "liberdade" é impulsionado principalmente pelo "mindset da abundância". O objetivo de "sobrevivência" e "conforto" é impulsionado principalmente por um "mindset de escassez". Com um "mindset de escassez", só se pode procurar sobrevivência e conforto, nada mais.

- Um artigo publicado no site Cleveland.com em 14 de janeiro de 2016 disse: "Cerca de 70% das pessoas que ganham na loteria ou recebem um grande prêmio acabam endividadas em poucos anos", de acordo com o National Endowment for Financial Education.[24]

Eles tiveram uma sorte inesperada, mas mentalmente, por qualquer motivo, não podiam aceitar que eram milionários. As pessoas com um mindset de escassez não conseguem reter o dinheiro. Eles investem imprudentemente ou o gastam, o dinheiro é desperdiçado ou perdido.

É bem-dito que, se você pegar toda a riqueza do mundo e distribuí-la igualmente entre todas as pessoas, em menos de dois anos ela provavelmente voltará aos mesmos bolsos novamente. Obviamente, é algo que tem a ver com o mindset.

### MINDSET DE POBREZA

Aqui estava um mendigo que se sentava no meio de uma rua movimentada com uma placa que dizia: "Sou um indigente, por favor, me

24. <http://www.cleveland.com/business/index.ssf/2016/01/why_do_70_percent_of_lottery_w.html>.

ajude." Ele implorava religiosamente. Um jovem executivo de marketing costumava passar pelo mendigo todos os dias e ocasionalmente deixava algum dinheiro no seu pote. Um dia, com pena, perguntou ao mendigo quanto dinheiro ganhava por dia. O mendigo disse: "Quase 35 dólares." Ocorreu-lhe mudar a placa para algo mais convincente para o transeunte doar. Ele criou um novo cartaz para o mendigo que dizia: "Caso tenha caridade em sua mente uma vez por mês, por que não a pratica aqui?"

A placa funcionou. As pessoas pararam para ler e começaram a doar. Dentro de três horas, o mendigo coletou cerca de cinquenta dólares e, interessantemente, embrulhou suas coisas, as guardou e foi embora.

Se ele tivesse ficado lá o dia todo, poderia ter sido capaz de receber quase cem dólares. Quem sabe? Mentalmente, ele tinha estabelecido o seu próprio limite. Ele tinha se condicionado a recolher apenas um tanto e nada mais.

Deixe-me contar uma história da vida real. Em meados da década de 1970, o presidente da Uganda, Idi Amin, ordenou a expulsão do povo asiático do seu país. Essas pessoas, que ali se instalaram durante gerações, tornaram-se refugiados de um dia para o outro e fugiram, deixando todos os seus bens para trás. Algumas milhares de pessoas se refugiaram no Canadá. Todas elas começaram literalmente a partir do zero. Curiosamente, aqui está o que eu observei. Aqueles que estavam indo bem em Uganda eram as mesmas pessoas que começaram a ir bem no Canadá. Elas trabalharam arduamente. Estavam fazendo longas horas de trabalho — doze a quatorze horas por dia era uma prática comum. Algumas delas, que começaram a trabalhar em lojas, acabaram por comprar essas mesmas lojas. Percebi que essas pessoas não só se tornaram financeiramente estáveis, mas também ajudaram outros a crescer. Da mesma forma, aquelas que se queixavam e reclamavam em Uganda também estavam se queixando e reclamando no Canadá. As pessoas que começaram bem no Canadá, apesar dos obstáculos, tinham um mindset de ir além da sobrevivência para se tornarem financeiramente independentes, e depois o fizeram. O exemplo acima estabelece claramente uma relação entre mindset e prosperidade.

Tem tudo a ver com o mindset!

## CONSCIÊNCIA DA PROSPERIDADE, CONSCIÊNCIA DA POBREZA E MEDIOCRIDADE

### 1. Consciência da prosperidade

**Os que têm consciência da prosperidade têm o mindset de procurar a liberdade.** Eles acham que o universo fornece "em abundância" para todos. **A consciência da prosperidade é um estado de espírito.** Ao ter o "mindset da prosperidade", é possível atrair o bem-estar financeiro e viver uma vida feliz. Aqueles que procuram a liberdade acabam por alcançar a saúde financeira e muito mais.

### 2. Consciência da pobreza

**Aqueles que são conscientes da pobreza têm um mindset que busca apenas a sobrevivência.** São eles que têm um mar de oportunidades, mas optam por não sair para as alcançar. **A consciência da pobreza é um estado de espírito.** Ao ter o "mindset da pobreza", nunca se consegue atrair a saúde financeira, e se continua a viver uma vida triste. Essas pessoas acreditam que há escassez de coisas ou que não há o suficiente.

### 3. Mediocridade

**Os medíocres têm um mindset para procurar conforto.** Eles só pensam em conforto. São aqueles que não querem lutar muito, mas também não querem ficar de fora. No entanto, a palavra medíocre tem tons negativos. Implica que a pessoa é média com capacidades moderadas e que é incapaz de alcançar mais do que aquilo que realmente faz.

## CONSCIENTES DA PROSPERIDADE OCUPAM-SE EM ATINGIR A INDEPENDÊNCIA FINANCEIRA

Aquele que é consciente da prosperidade escolhe seus conselheiros com cuidado. Eles estão dispostos a pagar por bons conselhos. Não é incomum que, muitas vezes, os conselhos gratuitos acabem sendo os mais caros. Aconselhamento gratuito em grande parte é não orientação especializada.

Geralmente, é dado por aqueles que dão as suas opiniões sem qualquer conhecimento ou experiência. As pessoas conscientes da prosperidade optam por se aconselhar com aqueles que fizeram algo que valeu a pena e não com "fracassos ambulantes". Pessoas conscientes da prosperidade buscam **a liberdade**, que é alcançada através da independência financeira.

Elas percebem que a consistência e a autodisciplina andam de mãos dadas, resultando em liberdade.

Vamos ver o que é a independência financeira.

### Independência financeira

Precisamos qualificar o termo **independência financeira**. Para alguns significa "**ter reserva financeira suficiente para contingências e aposentadoria**." Isso é chamado de "pé-de-meia", mas não é independência financeira. A independência financeira é "**criar um valor líquido suficientemente grande que gere um rendimento passivo suficiente que nos permita a liberdade de fazer o que quisermos, ou trabalhar porque queremos trabalhar e não porque temos de faz**ê-lo". A isso se chama criar a galinha que põe "ovos de ouro" e é para isso que as pessoas conscientes da prosperidade trabalham.

Em quase todo o mundo, as pessoas começam a trabalhar entre os 20-25 anos e se aposentam aos 65; mas, curiosamente, nos Estados Unidos, apenas 5% delas são consideradas financeiramente independentes. Após 40-45 anos de vida ativa, 95% das pessoas não têm nada para mostrar, estão mortas ou falidas. Ou são dependentes de amigos, familiares ou do governo, ou continuam trabalhando. Apenas 5% são financeiramente independentes. As estatísticas são alarmantes para um país que é considerado a terra das oportunidades. Esse é um país onde todos têm as mesmas oportunidades e potencial para serem milionários e, no entanto, a maioria das pessoas não reconhece que negligencia ou deixa passar essas oportunidades. Que tristeza! A questão é: queremos estar nos 95% ou nos 5%?

Estimava-se que, no ano de 1950, havia apenas 100 mil milionários.

E, segundo a *Business Insider India*, datada de 14 de novembro de 2017: "Desde 2016, há 36 milhões milionários no mundo". A taxa de crescimento dos milionários a cada ano é exponencial.

Não deveríamos também fazer parte da história de sucesso de nos tornarmos financeiramente independentes? O nosso objetivo na vida deve ser a liberdade através da independência financeira.

De um modo geral, as pessoas que são astuciosas com dinheiro, o colocam nos quatro seguintes bolsos:

1. **Investimento**
2. **Poupança**
3. **Despesas**
4. **Doação**

Todas as receitas monetárias da vida devem ir para essas quatro aberturas do "cofrinho da vida".

Do total de dinheiro que recebemos periodicamente, quanto deve ir para qual abertura é a verdadeira questão.

Os primeiros 10-15% do dinheiro total devem ser **investidos**. Além disso, os próximos 10% devem ir para um fundo de **poupança** e emergência (um mínimo de seis meses a um ano de rendimento deve ser mantido como poupança líquida), e então o que sobrar deve ser dividido entre **despesas** e **doação**, simultaneamente. Obviamente, não estou aqui a falar dos pobres abjetos, que não têm nada depois da sobrevivência.

**Investir** dinheiro é para o crescimento a longo prazo. **Poupar** dinheiro é para situações de emergência a curto prazo. **Gastar** dinheiro é para o sustento.

**Doação** é o aspecto filantrópico de servir à sociedade.

As quatro aberturas do cofrinho podem ainda ser condensadas em duas aberturas.

Quando o dinheiro chega:

1. Nós investimos, ou
2. Nós gastamos (desperdício)

O que investimos nos dá um retorno, mas o que gastamos se perde para sempre.

Warren Buffet disse: "**Não guarde o que resta depois de gastar, mas gaste o que resta depois de poupar.**"

> As pessoas conscientes da prosperidade poupam primeiro e gastam o que sobra, enquanto as pessoas conscientes da pobreza fazem o inverso.

## PESSOAS CONSCIENTES DA PROSPERIDADE CRIAM ATIVOS

O que é um ativo? Um ativo é definido como um investimento que gera um rendimento passivo. Renda passiva é dinheiro que é gerado automaticamente: é como um fluxo perpétuo sem o seu envolvimento ativo de habilidade, trabalho e tempo. Pergunte a qualquer um, de um modo geral, e lhe dirão que uma casa é um bem. É um ativo se estiver gerando um rendimento de aluguel, e não de outra forma. Pense nisso. Se está vivendo em uma casa, ela está lhe dando algum rendimento? Se a resposta for não, então não é um ativo. É um risco. Há manutenção e impostos. Está tirando dinheiro do bolso. É uma parte da sua riqueza, mas não do seu bem. Mas pode ser uma parte do seu patrimônio líquido após a venda. Deveríamos pensar na criação de "ativos reais". **Se tiver poupanças, compre sempre uma segunda casa em vez de um segundo carro**, pois a primeira casa pode ser a sua residência e a segunda pode gerar uma renda. Nesse caso, a segunda casa se torna automaticamente seu ativo real.

Além disso, o valor da casa pode valorizar, enquanto o carro, invariavelmente, desvaloriza.

## PESSOAS CONSCIENTES DA PROSPERIDADE CONSERVAM SEUS RECURSOS

As pessoas conscientes da prosperidade sabem o valor da fortuna que ganham. Eles acreditam em conservar os seus recursos e poupar em vez de descuidadamente gastar a sua fortuna. Vivem vidas humildes, porque vivem para autossatisfação e não para exibição pública. É um equívoco pensar que milionários e multimilionários vivem vidas de ostentação e só comprem camisetas de grife no valor de 3 a 4 mil dólares, relógios Rolex, carros Mercedes e BMWS caros, ou sempre viajem em primeira classe.

**O empresário e filantropo americano, Warren Buffet,** perpetuamente classificado entre os homens mais ricos do mundo, vive um estilo de vida que não mudou muito desde antes de se tornar próspero. Ele continua vivendo na mesma casa no bairro Dundee, no centro de Omaha, que ele comprou em 1958 por 31,5 mil dólares, e seus gostos são tão humildes como antes.

**A cofundadora da Infosys, Narayana Murthy**, uma bilionária, ainda vive em uma casa de classe média e viaja em classe econômica. A sua única indulgência conhecida são os livros.

As pessoas conscientes da prosperidade são cultural e financeiramente ricas, mas já eram culturalmente ricas antes de se tornarem financeiramente ricas. Ser culturalmente rico é o principal fator distintivo entre o consciente da prosperidade e o consciente da pobreza.

Os *nouveau riche* (novos ricos), por outro lado, ganharam riqueza financeira, mas carecem de "riqueza cultural". Por isso, através do seu comportamento ostensivo, anunciam ao mundo inteiro que chegaram. Procuram sempre chamar atenção. Eles procuram obter aceitação do mundo, porque não têm autoaceitação. Têm inveja do que os outros têm e se ressentem do sucesso alheio.

Eles não entendem a verdade da vida — **que as pessoas fazem as coisas, não as coisas que fazem as pessoas**. Falta-lhes a compreensão básica da diferença entre a valorizar a riqueza e se autovalorizar. **Medem a autoestima com base no valor líquido**.

Para muitas pessoas que ganham uma fortuna pode parecer difícil, mas assim seria para compreender o estilo de vida básico e humilde desses milionários. Lembre-se, **a felicidade material é temporária** — não dura para sempre.

## PESSOAS CONSCIENTES DA PROSPERIDADE ENXERGAM A LONGO PRAZO

Os pobres e os medíocres basicamente pensam de mês a mês, como cuidar de suas despesas de moradia, hipotecas, crédito etc., enquanto os conscientes da prosperidade são perspicazes. Eles pensam e planejam em termos de décadas. Preparam-se pensando no futuro. Pensam em termos de educação financeira, investimentos, como poupar impostos legalmente e como fazer o seu dinheiro funcionar para eles.

## LUCROS E SALÁRIOS

Pessoas conscientes da prosperidade sabem a diferença entre lucros e salários. Eles procuram ser pagos pelos resultados, enquanto as pessoas conscientes da pobreza procuram ser pagas pelo seu tempo. As pessoas conscientes da prosperidade procuram lucros, as pessoas conscientes da pobreza procuram salários. Conscientes da prosperidade têm o interesse em si mesmos, mas não egoísmo.

> O interessado em si mesmo diz: para eu ganhar, o mundo não tem que perder – podemos ganhar todos juntos.
> O egoísta diz: para eu ganhar, não me importo se o mundo perde.

Pessoas conscientes da prosperidade entendem a diferença entre renda ativa e renda passiva. Eles aprendem e planejam passar seus ativos de uma geração para outra. Quanto mais uma pessoa pensa no futuro, mais próspera ela provavelmente se tornará na vida. Os prósperos se perguntam:

1. Como posso multiplicar minhas receitas e reduzir legalmente os impostos?
2. Onde estarei daqui a dez anos?

De acordo com Stanford.edu, 2007, o sr. Warren Buffett disse: "Que ele foi tributado em 17,7% sobre os 46 milhões de dólares que fez no ano passado, sem tentar evitar pagar impostos mais elevados, enquanto sua secretária, que ganhou 60 mil dólares, foi tributada em 30%."[25]

> Pessoas com mindset pobre e medíocre sempre pensam em gratificação instantânea.

Pessoas com mindset pobre e medíocre farão qualquer coisa para satisfazer seus impulsos. Não hesitarão em contrair um empréstimo, uma dívida ou um encargo no cartão de crédito, quer possam ou não pagar. O seu desejo de obter gratificação instantaneamente é maior do que o seu bom senso. Considere que pessoas com visão de longo prazo não se importariam de adiar a gratificação, porque seu objetivo final é a liberdade e não a sobrevivência ou o conforto. Pessoas conscientes da prosperidade se desenvolvem e vivem pela disciplina da gratificação tardia.

> Renuncie a pequenos prazeres hoje e desfrute de um grande amanhã, ou desfrute de um grande hoje e renuncie a grandes prazeres amanhã.

Os pobres e os medíocres colocam a sua vida a cargo dos outros, que por padrão se tornam conscientes da prosperidade. Pessoas conscientes da prosperidade preferem a liberdade ao conforto, enquanto pessoas medíocres preferem o conforto ao invés da liberdade e, portanto, ficam limitadas ao conforto e nunca alcançam a liberdade.

Esse princípio do pensamento a longo prazo não se aplica apenas a nossa situação financeira, mas a todas as áreas da vida. **As pessoas conscientes da prosperidade aplicam o pensamento a longo prazo em todas as áreas de suas vidas, mesmo no desenvolvimento de relações fortes e saúde**

25. <http://tusb.stanford.edu/2007/07/warren_buffet_has_a_lower_tax.html>.

**sólida.** A mesma coisa não é verdadeira nas nossas relações com os outros? Quando pensamos a longo prazo, não pensaríamos em ter mais respeito com e construir relacionamentos melhores? Não pensaríamos em relações vencedoras para ambas as partes? O pensamento de curto prazo só nos faz procurar "o que é que eu ganho com isso", "o que posso obter deles", ou "o que os outros podem fazer por mim". Tal pensamento só termina em usar outras pessoas como ferramentas para ganho pessoal. **Aqueles que usam outras pessoas apenas para seus próprios ganhos egoístas acabam como pessoas muito solitárias na vida.**

Pessoas conscientes da prosperidade sempre desenvolvem relacionamentos de longo prazo sem segundas intenções, mas que naturalmente resultam em sucesso financeiro. Essa é a lei da natureza. Quer se trate de família, amigos, clientes ou qualquer pessoa, pensam sempre em como podem beneficiar e servir melhor aos outros.

Como é que medimos a verdadeira riqueza? Não é pelo nosso saldo bancário, mas pelas relações que construímos. Isso é o que nos torna emocionalmente fortes — na verdade, é a nossa verdadeira riqueza. **Se você tem um bilhão de dólares, mas está emocionalmente falido, então você é a pessoa mais pobre do mundo**. Tal como existe pobreza financeira, a pobreza emocional é real entre as pessoas. As pessoas que carregam ódio, ganância, impaciência e falta de empatia são muito pobres emocionalmente. Relacionamentos fortes são muito gratificantes e tornam as pessoas seguras na vida. As pessoas conscientes da prosperidade pensam sempre a longo prazo na sua vida física, financeira e emocional.

Não será sensato pensar a longo prazo sobre a saúde física? Se a resposta for sim, então uma pessoa se exercitará e comerá de forma saudável regularmente, considerando que, se você pensar somente da gratificação a curto prazo, então não se importará de negligenciar o exercício e de comer fast food, o que resulta em ganho de peso e baixos níveis de energia. O pensamento a longo prazo capacita uma pessoa com energia para se tornar financeiramente próspera.

**Segredos dos que veem a longo prazo e são potencialmente prósperos:**

1. Fazem da paixão a sua vocação.

2. Fazem o que gostam de fazer e acabam por ganhar dinheiro.
3. Se esforçam para se tornar prósperos em todas as áreas de suas vidas — física, financeira, mental, emocional e espiritualmente.

Se uma pessoa quiser mudar de pobre ou medíocre para um estado próspero, tem de planejar a sua vida com visão de futuro.

Metas de longo prazo ajudam a desenvolver a perseverança. Todas as pessoas prósperas enfrentaram retrocessos e desafios na vida, mas através da perseverança se recuperaram. Os medíocres e os pobres desistem no momento que as coisas ficam difíceis. Pessoas prósperas passam por contratempos um após o outro, mas perseveram. Elas fazem o que for preciso para alcançar o sucesso e a liberdade, eticamente.

### GRATIFICAÇÃO INSTANTÂNEA

O mundo ocidental, especialmente os Estados Unidos, está sofrendo uma crise financeira por causa da gratificação instantânea.

A gratificação instantânea diz: "Eu quero e quero agora", quer eu possa pagar ou não.

Nós pagamos com cartões de crédito mesmo quando isso está além das nossas possibilidades. Até mesmo os governos de muitos países estão gastando além das suas possibilidades. **Continuamos comprando coisas de que não precisamos com dinheiro que não temos para tentar impressionar pessoas de quem não gostamos.**

*Os conquistadores fazem hoje o que os outros não fazem, para que possam aproveitar as coisas amanhã, o que os outros não farão. Eles adoram estar no comando das suas vidas.*

# PLANO DE AÇÃO

- Com que tipo de mindset você se identifica mais?
- Que três ações você tomaria para se tornar consciente da prosperidade?

i. ______________________________________________

ii. ______________________________________________

iii. ______________________________________________

- Escreva três coisas que você faria de forma diferente para estruturar suas finanças e se tornar consciente da prosperidade:

i. ______________________________________________

ii. ______________________________________________

iii. ______________________________________________

# 17
# Fogo interior

**PENSAMENTO SÁBIO, AÇÃO CORAJOSA**

Coragem é a fé que se tem em si mesmo para superar o medo. A fé dá força, mas as dúvidas levam à fraqueza. Coragem é força diante da dor e do temor. Não é ausência de medo, mas a conquista do medo. Pessoas corajosas enfrentam situações difíceis com sabedoria para preservar a honra, enquanto covardes estão inclinados a tomar o caminho mais fácil.

Há uma história de tempos antigos sobre um usurário que tinha emprestado dinheiro a um comerciante. Devido a contratempos, um após o outro, o comerciante foi incapaz de pagar a sua dívida. O comerciante tinha uma filha bonita e jovem, e o empresário traiçoeiro estava de olho nela. Fingindo ser útil, ele sugeriu que, se o comerciante concordasse que ele se casasse com sua filha, ele perdoaria a dívida. Caso contrário, se ele não pagasse, todo o inferno se instalaria. Tanto o comerciante quanto a filha estavam em apuros. O usurário, fingindo ser generoso, propôs uma ideia e disse que deveriam deixar o destino decidir. Ele propôs colocar uma pedra preta e uma branca em um saco vazio e a menina deveria escolher uma delas. Se ela escolhesse a preta, teria de se casar com ele e a dívida do pai seria perdoada; se escolhesse a pedra branca, não teria que se casar com ele, mas, ainda assim, dívida seria perdoada. A filha não era apenas bonita, mas também muito inteligente. Ela não queria que o pai fosse preso e concordou com a proposta. Chegou o dia em que a aldeia inteira foi ver o destino do comerciante e sua filha. Eles estavam na margem do rio, que estava cheio de pedras. O usurário se inclinou para apanhar as duas pedras. Sem que ninguém reparasse, ele escolheu duas pedras pretas, para se casar com a jovem. Silenciosamente, a garota estava vendo tudo. Ela foi então convidada a escolher uma pedra, sobre a qual repousava o seu destino e o do seu pai.

Supondo que estivéssemos entre os espectadores enquanto isso acontecia:

1. O que teríamos feito?
2. O que teríamos aconselhado a garota a fazer?
3. Como teríamos lidado com a situação?
4. Que escolhas tinha a garota?
   i. Ela poderia expor o credor pedindo para mostrar as duas pedras.
   ii. Ela podia recusar e sacrificar o seu pai.
   iii. Ela podia pegar uma pedra preta e sacrificar-se para salvar o pai.

A escolha não era fácil. Ou era a vida dela ou a do pai em jogo e ela também não estava preparada para se sacrificar, nem sacrificar a vida do pai.

**Eis o que a garota fez:**

Ela colocou a mão na bolsa e pegou uma pedra, sabendo muito bem que ambas eram pretas. Ela era a única que tinha visto o que o credor tinha feito. Quando tirou a mão da bolsa, sem olhar, ela perdeu o equilíbrio de propósito, caiu no chão, e deixou cair a pedra, que se misturou com as outras, para que ninguém pudesse ver de que cor era. Ela se levantou, pediu desculpa pela sua falta de jeito e disse: "Vamos ver qual é a cor da pedra no saco — isso vai nos dizer qual delas escolhi." A pedra no saco era, naturalmente, preta, e assumiu-se que a que ela tinha escolhido era branca. Em frente a toda a aldeia, o usurário não teve coragem de admitir a sua desonestidade. Ele teve de viver com a sua decisão e tanto o pai quanto a filha foram liberados da dívida. A sua ação foi guiada pela motivação de preservar a honra. Foi a sua coragem que a ajudou a manter a calma e a pensar em uma solução criativa. Seu pensamento rápido mostrou que **a sabedoria nada mais é do que a aplicação oportuna da criatividade e do senso comum.** Só pessoas corajosas aceitam os desafios da vida para que possam viver com respeito e dignidade.

> Pessoas de princípios são corajosas, mas nem todas as pessoas corajosas têm princípios.

Muitas vezes fazemos coisas para ter prazer ou para evitar a dor. Moralmente, os covardes não têm coragem de pagar o preço para defender suas crenças. A coragem não está em aceitar cegamente as condições, mas em ousar enfrentar as consequências. A capacidade de acreditar em nós mesmos quando todos desistiram de nós é um sinal de coragem. Sabemos que somos vulneráveis e, no entanto, resistimos. **Nossa fé em nós mesmos nos ajuda a transformar sonhos em realidade**. Um grande exemplo na história é o de Galileu.

## GALILEU RESISTIU À SUA TERRA

Com 26 anos, Galileu tornou-se professor de Matemática na Universidade de Pisa. Nessa época, todas as teorias antigas eram aceitas sem questionamento. O antigo filósofo grego, Aristóteles, era considerado a maior de todas as autoridades. Questionar as suas teorias era considerado desrespeitoso. Galileu provou que o peso de um objeto não tem nada a ver com a rapidez com que o objeto cai. A velocidade de descida de um objeto depende da resistência do ar. Isso foi contra a teoria de Aristóteles. Mesmo que Galileu fosse capaz de demonstrar sua teoria, as pessoas escolheram não acreditar nele. Eles tinham medo de, ao desacreditar um dos princípios de Aristóteles, abrir uma brecha para que provassem que seus outros princípios estavam errados também, e isso fez com que eles se sentissem ameaçados. Ninguém se apresentou para apoiar Galileu, mas o grande cientista não perdeu a fé em si mesmo. Ele estava em seu terreno, e com o tempo, sua teoria foi aprovada e aclamada.

### CORAGEM NÃO É NEM DESTEMOR NEM COMPORTAMENTO IMPRUDENTE

Coragem é enfrentar e conquistar o medo. Imprudência geralmente surge da inocência, vaidade e/ou loucura. A capacidade de escolher a ação correta requer sabedoria. **Coragem é uma demonstração da sabedoria para saber quando tomar uma posição firme.** A imprudência, por outro lado, pode embaraçar e até pôr as pessoas em perigo. Pode levar à perda de confiança. O comportamento corajoso inspira as pessoas e ajuda a gerar confiança.

A coragem demonstrada por Martin Luther King Jr. e Nelson Mandela inspirou outros a lutar contra a injustiça, mesmo à custa de grandes dificuldades pessoais. Os movimentos que lideraram conseguiram muito para seus seguidores, seus países e a sociedade em geral.

### CORAGEM É UM ESTADO DE ESPÍRITO

A força e a autoridade demonstradas pela intimidação ou opressão de inocentes não é coragem, mas covardia. A intimidação e a opressão são um encobrimento da insegurança. Coragem é um estado de espírito. Pode ser cultivada, mas nunca falsificada. Não se trata de um ato isolado, mas sim de uma resposta automática. A coragem nos capacita a encarar a vida de frente, seguir em frente e assumir o comando.

**Coragem é o valor mais importante, que torna todos os outros**

**valores possíveis.** A coragem e a capacidade de tomar decisões colocam uma pessoa na frente. Se não assumirmos o controle do nosso futuro, ele é automaticamente determinado pelas decisões dos outros. Temos de avançar com a crença de que a nossas ações valem a pena, só ser corajoso se torna mais fácil.

Os seres humanos que não têm coragem são um triste espetáculo. As pessoas se sentem inadequadas e perdem o respeito próprio quando não encontram coragem para responder a situações da vida.

John McEnroe disse: "Fiquei satisfeito com o Wimbledon de 1988 porque me esforcei. A certa altura, comecei a ter uma cãibra no pé e depois senti meu joelho doer. Mas me esforcei da mesma forma. Senti que fiz o meu melhor. Era como se estivesse vindo de dentro a minha vontade de jogar."

**OS JOGADORES PREPARAM, OS JOGADORES GANHAM, OS JOGADORES PERDEM; mas OS JOGADORES JOGAM, e eles JOGAM DE FORMA JUSTA.**

A coragem permite que uma pessoa enfrente dificuldades sem ceder ao medo.

> Neutralidade em questões de integridade equivale a covardia.

**TESTE DE CORAGEM**

Depois de anos de trabalho árduo, Thomas Carlyle terminou o manuscrito do seu livro, *História da Revolução Francesa*, e o deu a um amigo para ler. A governanta do amigo confundiu o manuscrito com lixo e atirou-o ao fogo. Quando a mulher de Carlyle recebeu a notícia, não conseguiu conter as lágrimas. O seu amigo ficou tremendo, e o próprio Carlyle ficou sem palavras. Finalmente, com uma demonstração de notável coragem e contenção, ele disse: "Acidentes como este acontecem." Embora, exteriormente, Carlyle parecesse corajoso, estava devastado. Ele não tinha certeza se poderia continuar com o projeto. Ele não conseguiu dormir a noite toda.

Na manhã seguinte ele resolveu começar a trabalhar no seu livro novamente. Acontecesse o que acontecesse, ele não podia desistir. Dois anos mais tarde, recriou e terminou sua grande obra, *História da Revolução Francesa*, que permanece até hoje como um testemunho vivo de seu espírito invencível.

**A maior prova de coragem é aceitar a perda sem perder o coração.** Desafios na vida nos impulsionam ou nos destroem dependendo do que somos feitos e dos objetivos que queremos alcançar na vida. O importante é saber superar as inúmeras decepções que a vida reserva para a maioria de nós e atingir nossos objetivos, apesar dessas decepções.

### A DOCE MÚSICA DOS APLAUSOS

Quando criança, Ludwig Beethoven conseguia tocar piano melhor que a maioria dos adultos. O pai dele, um bêbado, estava mais interessado no dinheiro que poderia fazer usando o filho, mas a mãe o apoiou. Ludwig tinha 17 anos quando sua mãe morreu, deixando dois irmãos mais novos sob os seus cuidados. O jovem Beethoven logo cresceu para ser reconhecido como um verdadeiro grande músico; mas o infortúnio aconteceu quando, aos 28 anos, ficou surdo. A surdez para um músico é especialmente cruel. Mas Beethoven superou sua deficiência com grande coragem e escreveu algumas de suas melhores músicas depois de ter perdido a capacidade de ouvir. A certa altura, Beethoven concordou em dirigir uma orquestra em Viena. De costas para o público, ele dirigiu a música que ele próprio não conseguia ouvir. O público ficou encantado. Quando o recital acabou, ele continuou de costas para o público, juntando suas coisas e se preparando para sair. Um de seus companheiros entendeu o que estava acontecendo e o virou. Só então Beethoven viu que estava recebendo uma ovação de pé. A audiência, que viu que Beethoven não podia ouvir sua própria composição nem seus aplausos, ficou comovida com sua coragem exemplar. **Superar a adversidade requer força interior excepcional**, como foi belamente demonstrado por Beethoven.

### CORAGEM PARA CUIDAR

Marquês de Lafayette, um soldado corajoso da Revolução Americana, voltou à sua propriedade na França em 1782. Ele era um homem conhecido por sua coragem, integridade e idealismo, tanto nos Estados Unidos quanto na França. Em 1783, embora as colheitas de trigo na França fossem baixas, os celeiros de Lafayette estavam cheios. O capataz da sua propriedade o aconselhou que vendesse o trigo, pois os preços subiam vertiginosamente. Ao que Lafayette, sabendo que os camponeses das aldeias vizinhas estavam passando fome, respondeu: "Não, esse é o momento de dar". Isso é uma demonstração de coragem moral. Cuidar vem da empatia. Para uma pessoa cuidadosa, a honra da outra pessoa é tão importante quanto a sua própria. Uma pessoa honrada não põe um preço na humanidade. Para eles, a dignidade é mais importante do que os ganhos financeiros.

Todo ato de amor e cuidado envolve dar e, portanto, é um ato de coragem. Agir corajosamente requer aprofundamento da alma e inteligência. A ação corajosa pode nem sempre trazer felicidade, mas não há felicidade sem ação corajosa.

### CORAGEM PARA SE ARRISCAR

Com de 21 anos, Copérnico era um homem culto com habilidades extraordinárias. Popular naquele tempo, a crença sustentava que a terra era o centro do universo e que o sol e as estrelas se moviam ao seu redor. Os homens influentes da época eram os sacerdotes e os astrólogos que davam sua própria interpretação dos céus. Copérnico tinha a sabedoria de ver através da ignorância dos astrólogos. Ele conduziu seu próprio estudo e descobriu que a terra não era o centro do universo, mas um pequeno planeta que girava em torno do sol. As suas descobertas não estavam em sintonia com os tempos. Assim, enfrentou a resistência do Vaticano e os padres o denunciaram publicamente. Ele foi exilado e proibido pela Igreja de falar publicamente sobre qualquer assunto que ameaçasse a crença comum. Secretamente, algumas pessoas respeitavam-no e ao seu trabalho, mas sentiam-se inseguras quanto à sua sanidade. Sem medo, Copérnico continuou a escrever sobre seu conhecimento recém-descoberto e, depois de décadas de esforço, completou seu trabalho. Agora, o maior problema à sua frente era publicar as suas conclusões. Sempre persistente, foi em frente e dedicou o seu livro ao Papa Paulo III, um estudioso, sabendo perfeitamente que só o Papa seria capaz de lidar com qualquer oposição resultante da publicação do seu controverso livro. Em 1543, quando Copérnico estava no leito de morte, um mensageiro lhe entregou uma cópia do seu livro publicado. Segurando o livro no coração, ele deu o seu último suspiro. A coragem e a força de convicção de Copérnico lhe pagaram ricos dividendos.

> As crenças populares podem nem sempre estar certas. Às vezes elas precisam ser desafiadas contra todas as probabilidades.

- Em 1914, a fábrica de Thomas Edison em West Orange, New Jersey, pegou fogo. Ele tinha 67 anos nessa época. Embora os danos tenham excedido 2 milhões de dólares, os edifícios estavam segurados em apenas 238 mil. Olhando para a fábrica ardendo em chamas, Edison ficou calmo e observou. Ele viu o filho e disse: "Ligue para a sua mãe. Tragam-na aqui. Ela nunca verá nada assim enquanto viver." Na manhã seguinte, Edison olhou para as ruínas e disse: "Há um grande valor no desastre. Todos os nossos erros estão queimados. Graças a Deus podemos começar de novo."[26]

Que atitude! É preciso muita força e coragem para enfrentar uma situação como esta.

### CORAGEM MULTIPLICA NOSSAS HABILIDADES

Quando duas pessoas com a mesma habilidade competem, é a mais corajosa que ganha. A coragem que demonstramos pode deixar o adversário desconfiado e colocá-lo na defensiva.

> Um indivíduo com motivação realizará mais do que cem homens não motivados.

Coragem é aquela firmeza que enfrenta o perigo. Exige correr riscos e procurar o desconhecido com senso de responsabilidade para consigo mesmo e para com os que o rodeiam.

Louis Braille nasceu na França há cerca de duzentos anos. O pai dele fazia artigos de couro. Um dia, ele machucou o olho enquanto brincava com um instrumento usado para costurar couro. A infecção se espalhou para o outro olho e ele ficou totalmente cego. Os cegos daqueles dias eram tratados com grande crueldade, e a sua aflição era muitas vezes vista como um castigo divino. O pai de Louis o mandou para uma escola para cegos, onde ele conheceu um soldado aposentado que o ensinou a ler com a ajuda de pontos gravados. Braille começou a refinar o código para que os cegos pudessem ler sentindo com os dedos. Aos vinte anos, Braille havia concebido e publicado um livro explicando como seu sistema poderia ser usado pelos cegos para ler e escrever. Braille não só superou sua própria

26. <https://www.linkedin.com/pulse/thomas-edison-great-value-disaster-all-our-mistakes-gone--attaway>.

dificuldade, mas também ajudou cegos do mundo todo a se fortalecerem, lendo e adquirindo conhecimento. O método Braille logo se espalhou pelo mundo. Sua história é um exemplo de verdadeira coragem diante das circunstâncias mais difíceis!

Pessoas como Braille enriqueceram o mundo e serão honradas até a eternidade.

## CINCO PASSOS PARA DESENVOLVER A CORAGEM

Mais importante do que o que temos na vida é o que nos tornamos. A vida é preciosa e inestimável, e nós também somos. Quando mudamos, também mudamos o mundo à nossa volta. O que fazemos e o que somos estão indissociavelmente ligados em um ciclo dinâmico. Como seres racionais, podemos mudar conscientemente o nosso padrão de pensamento e comportamento. Os passos descritos abaixo nos ajudam a desenvolver coragem:

### 1. Encare a realidade

Quando não temos a coragem de enfrentar a situação, procuramos uma rota de fuga, que se chama racionalização. A racionalização é uma defesa psicológica comumente usada para evitar lidar com realidades dolorosas. Nos recusamos a reconhecer e aceitar a realidade. Quando não aceitamos a realidade, começamos a viver no passado ou no futuro. Não paramos por aí. Nós distorcemos a realidade e construímos medos e dúvidas. Preocupamo-nos com coisas que podem nunca acontecer. Tais medos imaginados enfraquecem uma pessoa. Temos de encarar a realidade e parar de racionalizar.

### 2. Tomar uma posição

Reexamine seu sistema de valores. A orientação pode ser procurada em pessoas que têm um sistema de valores claro e a coragem de tomar uma posição.

**3. Construir caráter**

O caráter é o fundamento que nos ajuda a confrontar nossas falsas crenças e construir coragem moral. Precisamos rever nossos valores e princípios fundamentais para construir caráter.

**4. Pratique pequenos atos de coragem**

Cada pequeno ato de coragem nos torna mais corajosos para enfrentar desafios maiores. Coragem não é como dinheiro no banco. Na verdade, quanto mais gastamos, mais recebemos de volta. Muitas vezes, evitamos agir corajosamente por razões como complacência e apatia. Então, nos tornamos tão confortáveis com nosso desconforto que começamos a amá-lo. O problema é que muitos dos problemas que enfrentamos hoje poderiam ter sido resolvidos mais facilmente com uma pequena e corajosa decisão tomada no momento certo.

**5. A prática perfeita leva à preparação**

Prepare-se tentando antecipar situações, e então esteja pronto para o totalmente inesperado. Lembre-se, a prática não nos torna perfeitos, mas torna permanente tudo o que praticamos. Pequenas escolhas na vida acabam se tornando escolhas significativas e preparam uma pessoa para enfrentar os maiores desafios da vida.

*Para realizar mais honradamente, é preciso coragem.*

# PLANO DE AÇÃO

- Escreva três atos de coragem que você teve e de que se orgulha.

i. ______________________________

ii. ______________________________

iii. ______________________________

- Vamos verificar o seu quociente de coragem. Marque a opção que melhor se aplica às seguintes questões:

i. Eu hesito por causa do medo de cometer erros

a. Discordo totalmente b. Discordo
c. Neutro d. Concordo
e. Concordo totalmente

ii. Tenho medo de mudanças

a. Discordo totalmente b. Discordo
c. Neutro d. Concordo
e. Concordo totalmente

iii. Eu só corro riscos se souber que eles darão retorno

a. Discordo totalmente b. Discordo
c. Neutro d. Concordo
e. Concordo totalmente

iv. Não me importo de entrar em um conflito se for para o bem comum.

a. Discordo totalmente b. Discordo
c. Neutro d. Concordo
e. Concordo totalmente

v. A pressão intensa não me impedirá de completar as minhas

responsabilidades

a. Discordo totalmente b. Discordo
c. Neutro d. Concordo
e. Concordo totalmente

vi. Gosto de assumir tarefas desafiadoras.

a. Discordo totalmente b. Discordo
c. Neutro d. Concordo
e. Concordo totalmente

Discordar totalmente e discordar reflete um quociente de alta coragem.

Concordar e concordar totalmente mostra onde você precisa desenvolver mais coragem.

- Pense em três incidentes onde você não praticou a coragem, mas daqui para frente você vai.

Somos responsáveis
não só por nossas
ações, mas também por
nossas inações.

# 18

# PRESTAÇÃO DE CONTAS

*Cada nascer do sol traz novas oportunidades e cada pôr do sol exige resultados e responsabilidade.*

Muitas vezes ouvimos dizer: "As pessoas são os nossos maiores bens." Esta afirmação não é realmente verdadeira. **Pessoas não são ativos, apenas "pessoas boas"** são ativos, o resto são todos **rendimentos passivos.** A bondade precisa sempre ser cultivada, ou o mal acontece. Se quisermos ter um bom jardim, devemos plantar conscientemente sementes de boas flores e frutos. As ervas daninhas continuam vindo automaticamente, mas cultivar a bondade requer muito trabalho e esforço consciente.

## POSSO DORMIR QUANDO O VENTO SOPRA

Uma vez, havia um agricultor que precisava desesperadamente de uma mão de obra na sua fazenda. Era difícil encontrar uma boa ajuda. Ele tinha contratado e despedido muitas pessoas. Eventualmente, entrevistou uma delas e perguntou:

— O que você pode fazer na fazenda?

O homem, muito confiante, respondeu:

— Eu posso dormir quando o vento sopra.

O fazendeiro não entendeu o que aquilo significava, mas por desespero contratou o homem. Todos os dias o homem fazia bem o seu trabalho. Uma noite, parecia que uma grande tempestade estava chegando. O agricultor ficou preocupado com a sua colheita e o seu gado. À medida que a tempestade se chegava, ele correu rapidamente para o seu ajudante, que estava dormindo, acordou-o e disse:

— Levante-se depressa e vamos nos preparar para cuidar das colheitas e abrigar os animais.

O ajudante disse:

— Não é preciso se levantar. Estou dormindo e você também pode ir dormir.

Ouvindo este tipo de resposta insensível, o agricultor ficou muito zangado. O tempo estava acabando e ele correu para fora para cuidar das coisas. O que ele viu o atordoou — o grão estava bem coberto com lona e os animais estavam todos protegidos no celeiro. Ele não tinha que fazer nada. Ele voltou para casa para relaxar e dormir. Agora ele podia entender o verdadeiro significado do que seu ajudante disse quando foi contratado: "Eu posso dormir quando o vento sopra."

Qual é a moral da história? A moral é que a pessoa que foi contratada era uma boa pessoa, ele era confiável, alguém que cuidava das suas responsabilidades e bem sabia que "poderia dormir quando o vento sopra", porque teria tomado conta da situação "antes que o vento sopre". A sua preparação tornou-se um trunfo para o agricultor. A história acima é literalmente uma lição para a vida. É uma filosofia pela qual viver.

## RESPONSABILIDADE É UM MODO DE VIDA

Aqueles que aceitam a responsabilidade se orgulham do desempenho.

Pessoas que se orgulham do desempenho antecipam o que vem a seguir. Elas não esperam que a necessidade ou o problema surja, antecipam e previnem prováveis contratempos, tomando medidas preventivas. Se preparam com antecedência para resolver os problemas ou satisfazer as necessidades antes que eles surjam. As pessoas que dominam os negócios têm sempre um plano de contingência. **Eles executam e entregam não importa o que aconteça. Eles entregam resultados e não desculpas.**

Recentemente, partilhei o palco com o presidente de um hotel cinco estrelas, que é considerado o pioneiro na prestação de um dos melhores serviços do setor, globalmente. Perguntei-lhe como ele conseguia prestar um serviço tão bom de forma consistente. Ele disse: "Não há segredo nenhum. Toda a nossa formação de serviço baseia-se na filosofia da antecipação das necessidades dos clientes." Ele disse ainda: "Muitos dos nossos hotéis estão em países tropicais, onde o tempo fica muito quente. Quando um cliente entra, saindo do calor escaldante do exterior, antecipamos que ele precisa de uma toalha refrescante e uma bebida gelada, e oferecemos isso mesmo antes de ele pedir. Este exemplo é apenas um fragmento da filosofia em que se baseia o conceito de serviço do hotel. Em cada ponto de contato, prevalece a filosofia da antecipação da necessidade do cliente."

Eles acreditam na filosofia que diz que — é melhor **PREPARAR E PREVENIR** do que **REPARAR E SE ARREPENDER.**

**O comprometimento** é definid**o como a vontade de aceitar a responsabilidade:** quando aceitamos a responsabilidade voluntariamente, ela se torna automaticamente uma obrigação. A palavra voluntariamente significa: "Aceito por escolha e não por coação ou pressão." Todos elas são palavras positivas que evitam consequências negativas. Nenhuma delas é uma palavra corretiva. As pessoas lidam conosco com base na sua percepção do nosso compromisso com o que dizemos. Só uma pessoa que se considera responsável trabalhará para manter os compromissos. Precisamos sempre nos fazer as seguintes perguntas:

1. Sou de confiança?
2. Sou leal?

3. As pessoas podem aceitar a minha palavra?
4. As pessoas podem depender de mim?

Só se a resposta a estas perguntas for sim, podemos ser considerados responsáveis.

As pessoas medianas procuram rendimentos acima da média. O que eles realmente precisam que lhes perguntem é:

- Você é uma pessoa acima da média?
- Tem um entusiasmo acima da média?
- Tem relações acima da média?
- Tem saúde acima da média?
- Tem uma paixão acima da média?
- Tem humor acima da média?
- Tem integridade acima da média?
- Faz o trabalho árduo acima da média?

Pense nisso. Você é essa pessoa?

Como você espera conseguir algo acima da média na vida sendo apenas "mediano"?

Precisamos ficar acima da média antes de conseguirmos algo acima da média.

## NA MÉDIA NÃO É BOM O SUFICIENTE

O mundo não recompensa o "mediano".

- Quando sai para jantar, você procura um restaurante mediano?
- Quando quer ser servido, você procura um garçom mediano?
- Quando procura um jantar especial, você procura uma comida mediana?
- Quando fica doente, você procura um médico mediano?

- Quando você precisa de conselhos, você procura um consultor mediano?
- Quando quer se casar, você procura um parceiro de vida mediano?

O mediano é definido como **"o mais baixo dos melhores e o mais alto dos piores"**. Significa simplesmente que, se eu tiver uma perna no fogo e a outra no gelo, pela média devo estar bem e confortável. Na média não é bom o suficiente.

- De acordo com um artigo, "99,9% pode não ser suficientemente bom", Um cenário de defeito ou de perda inesperada tem apenas 1% de chance de ocorrer, ou mesmo apenas 0,1%. Um padrão de 99,9% de eficácia soa impressionante e, em algumas situações, pode ser, mas considere que se 99,9% for suficientemente bom, então nos Estados Unidos...

**Se 99,9% fosse bom o suficiente, então...**

- 22 mil cheques serão deduzidos das contas bancárias erradas nos próximos sessenta minutos.
- 1.314 chamadas telefônicas serão perdidas por serviços de telecomunicações a cada minuto.
- 2.488.200 livros serão enviados nos próximos doze meses com a capa errada.
- Duas aterrissagens no Aeroporto Internacional de O'Hare, em Chicago, serão inseguras, todos os dias.
- 18.322 peças de correio serão mal manuseadas na próxima hora.
- 291 operações de marcapasso serão realizadas incorretamente esse ano.
- 12 bebês serão dados aos pais errados a cada dia.[27]

27. <http://milestoneconsultingincmotivation.blogspot.in/2013/04/if-999-were-good-enough.html>.

> Apesar de 99,9% não ser mediano, ainda não é suficientemente bom, então como pode a média ser suficientemente boa?

Antes que possamos ter algo na vida, precisamos nos tornar alguém com senso de propriedade, integridade e responsabilidade.

A falta de comprometimento pessoal tornou-se um problema epidêmico. Apontar o dedo e culpar os outros é o padrão comportamental típico das falhas.

Imagine que em um restaurante lhe servem um prato diferente daquele que encomendou. Você pergunta ao garçom como aconteceu essa confusão. Ele responde: "Ops, as pessoas na cozinha se enganaram". Em vez de aceitar a responsabilidade, ele culpou outra pessoa. Tais pessoas levantam questões muito importantes:

1. Por que é que ele trouxe o prato errado?
2. Por que é que ele não verificou a ordem antes de servir?
3. Quando é que eles vão aprender?
4. Por que não podemos encontrar pessoas responsáveis?

Todas estas perguntas demonstram uma grave escassez de pessoas que praticam a responsabilidade pessoal e pelo resultado. Pessoas que aceitam a responsabilidade vivem vidas melhores, mais satisfatórias e agradáveis.

Aceitar a responsabilidade pessoal resolve problemas e leva a resultados surpreendentes. Assim como um pobre marinheiro culpa o vento, da mesma forma as pessoas que não aceitam a responsabilidade dão desculpas e justificativas.

### PODER DA RESPONSABILIDADE

Sempre que alguém nos diz: "Vou responsabilizá-lo", qual é a primeira coisa que nos vem à cabeça? É medo ou um sentimento de ser ameaçado? As pessoas então procuram um bode expiatório por causa da falta de desempenho? Existe uma sensação de pressão ou estresse? A maioria das pessoas associa a palavra responsabilidade com consequências ou punição por não atender às expectativas.

Na verdade, é exatamente o contrário. A realidade é que não há sucesso sem responsabilidade. **A responsabilização é um pré-requisito para o sucesso.** Bons líderes e organizações estabelecem a prestação de contas antecipadamente. **A responsabilização é a base para melhores relações — evita surpresas desagradáveis e eventualmente leva a resultados positivos.**

**Olhe para dois cenários para compreender o poder do comprometimento:**

1. O contabilista informou o presidente que a contabilidade final estaria concluída até 15 de abril antes das 17h. Dois colegas seniores perguntaram ao presidente:
   — Você confia plenamente no contabilista? Vai responsabilizá-lo?".
   O presidente respondeu:
   — Conheço-o bem. Ele sempre mantém a palavra".
   A responsabilidade do contabilista conquistou a confiança do presidente.
2. Suponha que pedimos a um dos nossos executivos para enviar um relatório a um cliente até às 23h. Recebemos uma chamada do cliente dizendo:
   — O relatório devia ser entregue às 23h. Já é uma da manhã. Como
   é que ainda não o recebi? Quando ele realmente será enviado?
   Agora, devido à natureza urgente do assunto, este momento estranho teve de ser respeitado. O que acontece aqui? Perdemos a credibilidade. Perguntamos ao executivo o motivo do atraso e ele diz:
   — Fiquei preso com um trabalho pessoal. Já estou o enviando.

A menos que houvesse uma emergência, ele deveria ter se entregado ao trabalho pessoal? Isto é um comportamento totalmente irresponsável. Em caso de emergência, ele não deveria ter informado o cliente do atraso? Informar o cliente não é um favor, é uma obrigação.

A sua irresponsabilidade fez a organização perder credibilidade. Pagamos um preço quando perdemos a confiança de um cliente. E o executivo pagou um preço ao perder a nossa confiança no funcionário. O resultado final é que isso pode até levar a perda de negócios futuros.

Quando está em causa o comprometimento, os seniores e os juniores são igualmente responsáveis uns perante os outros. O objetivo do comprometimento é ajudar uns aos outros a terem um desempenho mais elevado e terem sucesso, em vez de se puxarem para baixo.

## ALERTA VERMELHO

Um sinal de perigo seria quando fizéssemos algo de errado e ninguém dissesse nada, ninguém nos responsabilizasse pelo nosso erro. Isso significaria simplesmente que todos deixaram de depender e desistiram de nós. Eles acham que não vale a pena desperdiçar o seu tempo. Para ter uma cultura de alto desempenho, é preciso levar a responsabilidade para dentro da organização. A fim de gerenciar o desempenho e o comprometimento, precisamos perguntar:

1. Sabendo o que sabem agora, voltarão a nos contratar?
2. Somos ou sou a melhor pessoa para o trabalho? O comprometimento é apenas um reflexo da cultura.

**Os seguintes passos são maneiras eficazes de ensinar responsabilidade às nossas equipes:**

1. **Responsabilize as pessoas**. Não tenha medo de pedir uma explicação. Pergunte-lhes quando manterão o seu compromisso. Olhe diretamente em seus olhos e pergunte: "Você disse que sim, mas não o fez. Quando é que vai fazer isso?" Não tenha medo de confrontar.

2. **Faça perguntas, mas não leve para o lado pessoal.** Diga que não tem nada de pessoal contra eles. Não aceite respostas vagas. Questione as suas explicações. Se você perguntar a alguém no escritório, "Quantas vezes você leu o roteiro?" e resposta for: "Umas vinte vezes", então você precisa ter certeza do que é "umas vinte vezes". Podem ser dezoito, dezenove ou vinte. É um número e deve ser objetivo.
   Da mesma forma, se você perguntar a um executivo, "Quantas ligações de venda você fez na semana passada?" e ele diz: "Em torno de quinze", então o que isso significa? A pessoa fez onze, doze, treze ou catorze chamadas? Ou talvez apenas uma ou duas? Não os deixem escapar por serem evasivos.
3. **Seja específico na comunicação**. Pare de fazer declarações vagas. Declarações específicas têm o poder de mover pessoas. "O que posso esperar de você?". Seja específico. O que move as pessoas são os prazos. Assim como há prazos no esporte, há prazos nos negócios. Há um prazo para a nossa existência também. Minimize as declarações generalizadas.
4. **Torne as expectativas claras e mensuráveis**. Não ouvimos as pessoas dizerem: "Estou trabalhando muito, mas nada está funcionando?" Essa afirmação é matematicamente errada e factualmente falsa. Só faz sentido lógico que eu tenha de melhorar. Os números não mentem. Aprenda a fazer expectativas realistas e mantenha-se fiel a elas.
5. **Estabeleça consequências em caso de falha.** Isso significa ameaçar despedir pessoas? CEOs podem ser despedidos? A resposta é sim. Os clientes podem despedi-los. Os acionistas podem despedi-los. Os empregados e até os vendedores podem despedi-los. Tanto o CEO quanto os outros funcionários devem arcar com as consequências do não desempenho.
6. **Treinar o nosso pessoal.** Dar às pessoas as competências certas é imperativo. Isso pode ser feito por:
   i. Ensino teórico com explicações e exemplos
   ii. Demonstrações

iii. Praticamente obrigando-os a fazer a tarefa
iv. Testes de compreensão
v. Repetindo as tarefas para reforçar
vi. Praticar a internalização

A melhor maneira de treinar o seu pessoal é tornar-se um modelo para eles. O que veem, aprendem.

7. **Feche todas as conversas com uma nota positiva**. Impulsione a autoestima e responsabilize seus funcionários. Um aumento da autoestima funciona como encorajamento para repetir o comportamento positivo.

### COMO FUNCIONA A RESPONSABILIDADE?

Para que a responsabilidade seja cumprida, as expectativas e os resultados finais para ambas as partes devem ser cristalinas. Isso exige boa capacidade de comunicação. Uma forma de confirmar a compreensão é pedir à outra parte para parafrasear o que foi dito. Em uma situação como esta, ambas as partes são responsáveis: o emissor e o receptor. Por exemplo — se o gerente disse, "Eu espero que você tenha um bom desempenho", a expressão "tenha um bom desempenho" é subjetiva. O receptor deve pedir ao gerente para quantificar e elaborar. Caso contrário, a comunicação permanece incompleta. Agora, quando o gerente quantifica, a comunicação está completa.

Ambas as partes têm de compreender o significado de "ter um bom desempenho". Os resultados devem ser claros. Para que a responsabilização seja sustentada, devem ser estabelecidas normas de qualidade mensuráveis. As organizações que têm uma cultura de responsabilização fazem dela uma prática contratar e reter apenas funcionários que aceitem a responsabilidade como um valor pessoal.

**As vantagens da responsabilização são as seguintes:**

1. Aumenta o seu nível de desempenho.
2. Ajuda a evitar surpresas desagradáveis.

3. Dá mais satisfação no trabalho.
4. Leva a relações mais fortes.
5. Conduz ao crescimento e à rentabilidade.

## 100/0

Em 1998, a revista Fortune nomeou o Synovus Bank como o "mais desejável" para trabalhar na América. Nas paredes, crachás e carteiras, havia cartazes em todos os lugares indicando 100/0. Alguém perguntou o significado daquele cartaz. Foi-lhe dito que o "100" representa 100% de responsabilidade. Ninguém diz: "Não é o meu trabalho." Ninguém diz, "me atrasei" ou "fiquei preso no trânsito". Uma responsabilidade de 100% é assumida por todos para o sucesso da empresa. É responsabilidade de cada um manter a empresa grande.

Aqui, "0" significa zero desculpas. Isso significa que eles prestam um excelente serviço a todos os clientes em cada transação. Não há desculpa para não fazer o seu melhor. Todos são embaixadores da organização.

Responsabilizar alguém também pode ser desagradável. Muitas vezes, temos medo de responsabilizar os outros. Pode parecer uma desvalorização ou um desmerecimento. As pessoas querem evitar o atrito, pois a responsabilidade pode levar ao atrito. E quando leva ao desentendimento? Quando uma ou ambas as partes não estão dispostas a aceitar responsabilidade e ser responsável. É aí que as pessoas se sentem desapontadas e o desentendimento irrompe. Se quisermos crescer, a única maneira é sermos responsáveis e responsabilizarmos os outros.

> Não responsabilizar o incompetente pelas suas ações só leva à abundância de incompetência.

*Os realizadores reconhecem que os grandes salários e a falta de responsabilidade raramente andam juntos.*

# PLANO DE AÇÃO

- Faça um teste rápido para conhecer o seu QR (Quociente de Responsabilidade). Selecione a opção que melhor se adapta à sua resposta:

i. Eu mantenho os meus compromissos.
ii. As pessoas confiam em mim.
iii. Eu aprendo com os erros imediatamente.
iv. Tenho orgulho do meu desempenho.
v. Eu não me afasto da minha responsabilidade.
vi. Eu não fico procrastinando.
vii. Eu entendo as necessidades das outras pessoas.
viii. Eu faço o que digo.
ix. Eu ajudo os outros a alcançar os seus objetivos.
x. Eu sempre aviso se for chegar atrasado.
xi. Eu arranjo desculpas para o não-desempenho.
xii. Eu fico na defensiva quando sou corrigido.

- A partir do questionário acima, descreva três maneiras com as quais você pode melhorar o seu QR.

i. ______________________________
ii. ______________________________
iii. ______________________________

# 19
# Tome posse

*É melhor ter uma pessoa trabalhando conosco do que cem pessoas trabalhando para nós — aqueles que se apropriam do trabalho trabalham conosco, não para nós.*

**TOME POSSE**

Há alguns anos, ouvi a história de um homem chamado Steve que trabalhava sob o sol quente como funcionário de uma empresa. Uma limusine passou por ele e um homem gritou: "Steve, entra." Sentado na limusine estava John, o presidente da empresa. Steve deixou todo o seu trabalho e entrou na limusine. Trocou gentilezas e bebeu água gelada. Depois de alguns minutos, despediram-se um do outro. Steve voltou a trabalhar no sol quente e John foi embora. Todos os colegas do Steve ficaram impressionados e perguntaram, com inveja:

— Como é que você conhece o John?

Steve respondeu:

— Não só eu o conheço, mas nós começamos a trabalhar juntos nesta empresa, no mesmo dia, na mesma posição, há 25 anos.

Todos ficaram ainda mais surpresos. Perguntaram:

— Como é que vocês dois começaram a trabalhar no mesmo dia, na mesma posição, há 25 anos, e você ainda está trabalhando no sol quente e ele se torno presidente da empresa?

A resposta que o Steve deu diz tudo. Ele disse:

— Há 25 anos, John começou a trabalhar para a empresa e eu comecei a trabalhar por 1,28 dólar por hora.

Não se admira, John subiu de cargo até se tornar presidente e Steve ainda trabalhava como operário. John tomou posse. Ele tinha um quadro mais amplo na mente — trabalhava para fazer a empresa crescer mais do que apenas ele próprio crescer. Ele entendeu que, quanto mais contribuísse para o crescimento da empresa, mais iria crescer.

Alguém pode dizer que este tipo de coisa só acontece no mundo ocidental, mas isso não é verdade.

Há cinco anos, conheci uma pessoa que tinha se aposentado antecipadamente dos serviços de defesa na Índia e, poucos anos depois de ter aberto sua própria empresa, estava fechando negócios de algumas centenas de milhões de dólares. Um dia, um amigo seu, que também tinha se aposentado antecipadamente, apareceu à procura de emprego e perguntou se podia trabalhar com ele. O dono disse:

— Claro! O conheço há trinta anos.

Um dia, depois que o escritório fechou e todos tinham ido para casa, os dois amigos se sentaram para conversar. O empregado disse ao proprietário:

— Lembra-se de que, há trinta anos, nos juntamos ao serviço no mesmo dia?

O dono disse:

— Sim, eu me lembro.

O homem disse:

— Você recebia mil dólares, eu também recebia mil dólares, se lembra?

O dono disse:

— Sim, eu me lembro.

Depois ele disse:

— Você era um empregado até então, eu era um empregado até então. Lembra?

O dono disse:

— Sim, eu me lembro.

Então o empregado disse:

— Olhe para isso, trinta anos depois, eu ainda sou um empregado e você é o dono de uma empresa que vale algumas centenas de milhões. Isso não é sorte?

Na minha opinião, a resposta que o proprietário deu é o cerne do sucesso.

Ele disse:

— Eu não queria falar nisso, mas como você tocou no assunto, vou tratar disso. Você pode não gostar, mas tem que ouvir. Quero lembrá-lo de um incidente que ocorreu há trinta anos. Tivemos um dia longo e caminhamos três quilômetros do escritório até o quartel. Eram nove e meia da noite. Quando chegamos ao quartel, ocorreu-me que tínhamos esquecido de apagar a luz e o ventilador no escritório. Quando lhe disse, o que você respondeu? Disse: "Não está vendo que horas são? Não é tarde o suficiente? Não trabalhamos muito o dia todo? Quem vai voltar agora para desligar a luz e o ventilador? E se o fizermos, serão três quilômetros indo, três quilômetros voltando e quando voltarmos, serão dez e meia da noite." E acrescentou: "Qual é o problema? É apenas uma luz. Qual é o problema? É apenas um ventilador. Qual é o problema? É só uma noite. E além disso, qual é o problema, pertence ao governo de qualquer maneira. Eu não vou voltar", e voltou a dormir. Eu fui ao escritório para desligar a luz e o ventilador e depois voltei. Agora ouça com atenção. Há trinta anos, ambos nos juntamos ao serviço no mesmo dia. Está correto. Você estava recebendo mil dólares e eu também. Correto. Você era um empregado na época, é um empregado agora — isso também está correto. Mas aqui está a diferença.... Eu era dono naquela noite há trinta anos e também sou dono esta noite. E com o tipo de pensamento que você tem, você viveu a vida de um empregado e, se continuar o mesmo pensamento, vai morrer um empregado também. Esta é uma história verdadeira.

Qual é a moral desta história?

A moral é muito clara: ninguém se torna proprietário ou empregado com base em um salário. Um salário não decide quem é o dono ou o empregado. É apenas a aceitação da propriedade que decide o proprietário. Só quando nos sentimos donos, é que nos comportamos como tal. As nossas ações tornam-se as de um proprietário e nós assumimos o comando. Uma pessoa que toma posse, tem um sentimento de pertencimento. Isso significa: "Eu pertenço à organização e a organização pertence a mim."

Sempre que uma pessoa toma posse, duas coisas mudam drasticamente:

1. A sua capacidade de resolução de problemas;
2. A sua capacidade de decisão.

**O que é liderança se não forem estas duas coisas juntas?**

## O SENTIMENTO DE PERTENCIMENTO

Já aconteceu de você comprar em uma loja e algo deu errado? Você voltou à loja e gritou com a pessoa atrás do balcão. E ela disse: "Por que está gritando comigo? Eu só trabalho aqui. Sou apenas um empregado." Quando uma pessoa diz: "Eu só trabalho aqui", o que está dizendo? Ela está dizendo: "Não tenho qualquer sentimento de pertencimento. Só venho aqui por causa de um pagamento."

Quando um empregado trata um empregador apenas como um "salário", nunca será um bom empregado. Da mesma forma, quando um empregador trata um empregado apenas como uma "máquina de fazer dinheiro", ele nunca será um bom empregado também. Deve haver um sentimento de pertencimento que os una. É muito comum ver **pessoas que entram por pouco também saírem por pouco.**

O fator mais importante que traz um sentimento de pertencimento é quando as pessoas se sentem conectadas por um propósito significativo.

Por exemplo, olhe para organizações sem fins lucrativos como a Rotary International, Lions Clubs International, a Cruz Vermelha etc., que dependem de um exército de voluntários comprometidos que investem tempo e fundos para servir a sociedade por uma causa.

Por quê? Porque tomam posse e têm um sentimento de pertencimento. As pessoas farão muito por dinheiro. Elas farão mais por um bom líder. E farão ainda mais por uma crença.

*Os realizadores tomam posse e tornam-se imparáveis.*

# PLANO DE AÇÃO

- Avalie a sua capacidade de resolução de problemas e pense em três maneiras de a melhorá-la.

i. ______________________________
ii. ______________________________
iii. ______________________________

- Avalie sua capacidade de tomada de decisão e anote três coisas que lhe ajudarão a tomar decisões melhores.

i. ______________________________
ii. ______________________________
iii. ______________________________

- De quais três áreas em sua vida você poderia se apropriar mais?

i. ______________________________
ii. ______________________________
iii. ______________________________

# 20

# Controle seu tempo

*Os realizadores pensam em termos de segundos e minutos,*
*os não realizadores pensam em termos de horas e dias.*

**Quem me dera ter mais tempo**, aposto que todos nós já dissemos isso em algum momento da nossa vida.

- E se tivéssemos 25 horas em um dia, ou 26?
- O que faríamos com essas uma ou duas horas extras?
- Como as utilizaríamos?

Respondendo às perguntas acima, por favor preencha o espaço em branco agora.

________________________________________

________________________________________

Se continuarmos a ler este livro sem preencher o espaço em branco acima, não nos beneficiaremos da forma que deveríamos.

## MITOS SOBRE O TEMPO

**Mito Um:** há realmente algo chamado gestão do tempo?

A resposta é "não". Por quê? Sempre que perdemos tempo, o que estamos perdendo? Estamos desperdiçando as nossas vidas. A maioria das pessoas não perde tempo. Só desperdiçam suas vidas. **Gerenciamento de tempo é apenas um nome dado ao gerenciamento de vida.**

**Mito Dois:** continuamos a ouvir: "O tempo vem e vai embora." Mais uma vez, não é verdade. Por quê? Porque o tempo é eterno. O tempo não vem e vai embora; nós viemos e vamos embora.

## TEMPO DESPERDIÇADO É VIDA DESPERDIÇADA

Só podemos fazer duas coisas com dinheiro: ele pode ser usado ou abusado, investido ou gasto. O dinheiro investido dá retorno, o dinheiro gasto é perdido para sempre. Da mesma forma, só podemos fazer duas coisas com o tempo.

> O TEMPO pode ser investido ou gasto

Escrevamos sete itens que consideramos investimento ou gasto. Por exemplo:

| Investimento | Gasto |
|---|---|
| 1. Educação e saúde | 1. Socialização desnecessária |
| 2. Habilidade e autodesenvolvimento | 2. Passar o tempo vendo televisão. |
| 3. Construção de relações | 3. Excesso de mídias sociais |
| 4. | 4. |
| 5. | 5. |
| 6. | 6. |
| 7. | 7. |

Se gastarmos tempo, o tempo nos gastará

O tempo é um **provedor** de oportunidades iguais. Todos nós temos exatamente a mesma quantidade de tempo, seja o presidente dos Estados Unidos, o primeiro-ministro do Reino Unido, o presidente da IBM ou X Y Z, não importa. Todos nós temos exatamente 168 horas por semana. Todos os dias temos um novo saldo bancário de 86.400 segundos — podemos investi-lo ou gastá-lo.

Imagine, se todas as manhãs alguém depositasse 24, 2.400 ou 24 mil dólares na nossa conta bancária com apenas a condição de que devemos gastar ou investir a quantia inteira dentro de 24 horas e que não podemos ficar com o saldo que não utilizarmos, o que faríamos? Como responderíamos? Uma vez que o não utilizado expira, não faríamos todos os esforços para utilizar todo o saldo da forma mais eficaz dentro do tempo estipulado? Uma vez que você não pode ficar com ele, quer otimizá-lo, ou então ele é perdido.

Cada um de nós recebe um novo depósito de 24h por dia, nem mais nem menos. Cabe a nós usá-lo, abusá-lo ou perdê-lo. A parte engraçada do tempo é que tem um ritmo uniforme. Ninguém pode acelerá-lo, diminuí-lo ou pará-lo. A pessoa mais rica do mundo não pode controlá-lo. Se cada momento é contabilizado, então estar comprometido e tomar conta da nossa vida é a única coisa possível a se fazer.

## PRESENTE ÚNICO

Suponha que você tenha uma varinha mágica e lhe foi concedido um desejo de que no dia seguinte possa ter qualquer carro à sua escolha, independentemente do preço, de tanque cheio e totalmente gratuito. No entanto, há uma condição de que esse presente seja único. Você nunca poderá ter um segundo carro na sua vida. Como quer tratar esse carro? Você não:

1. Tomaria conta desse carro.
2. Dirigiria com cuidado.
3. Se certificaria de que não caísse em mãos erradas.
4. Realizaria manutenção regularmente.
5. O protegeria de danos.
6. Se absteria de conduzir depois de beber.

O ponto principal é que você seria proativo para garantir a manutenção do carro. Você o manteria e evitaria qualquer dano. Agora, se nós nos preocuparíamos tanto com um presente como um carro caro, por que não faríamos a mesma coisa para o presente inestimável da vida?

## PICOS DE DESEMPENHO

Uma vez um professor demonstrou o seguinte exemplo. Ele tinha quatro itens com ele.

1. Pedras grandes 2. Pedras pequenas
3. Areia 4. Água

Ele pegou um frasco com uma boca larga e pediu aos alunos que colocassem todos os quatro itens nele. Os alunos tentaram diferentes combinações, mas não foram capazes de encaixar todos os itens no frasco. O professor então demonstrou como deveria ter sido feito. Ele pôs as pedras grandes primeiro. E então despejou as pequenas pedras no frasco, que ocuparam o espaço entre as pedras maiores. A seguir, despejou a areia, que escorreu pelas pedras e encontrou o seu espaço. Por último, ele regou a água no jarro, que se infiltrava facilmente através das peças. Um pouco de areia foi deixada de lado. O professor disse: "Eu percebi que um pouco de areia não cabia no frasco, mas isso não importa."

**A areia representa as pequenas coisas mesquinhas da vida**. Coisas que podemos viver sem e na verdade não importam, como videogames, estar zangado com as pessoas e tarefas menores. Se não temos tempo para eles, quem se importa? As **pedras pequenas são as prioridades menores, as coisas que importam, mas não são necessariamente vitais**. Coisas que podem esperar, como tarefas diárias, passatempos, e socialização com pessoas que não são realmente importantes etc. As **pedras grandes são os fundamentos da nossa vida** — as coisas que são importantes, que interessam, que nos dão realização e felicidade. Essas são as coisas que o dinheiro não pode comprar, como nossos valores, saúde, família, relacionamentos, equilíbrio na vida profissional, aprendizagem contínua, coisas que amamos, causas pelas quais lutamos, etc.

Quando o professor terminou, um aluno perguntou:

— E o que representa a água?

O professor respondeu:

— Não importa quão cheia a jarra esteja, há sempre espaço para um pouco mais.

> Se perdemos tempo fazendo coisas que não importam, não teremos tempo para as coisas que importam.

> Quatro coisas nunca mais voltam: uma oportunidade perdida, uma palavra falada, uma bala disparada e um momento perdido.

**O QUE FAZEMOS COM AS NOSSAS VIDAS?**

Suponha que nossa expectativa de vida seja de oitenta anos. Olhe como nós, aproximadamente, a gastamos:

- 26 anos dormindo. (8 horas por dia x 80)
- Dez anos socializando com amigos e família. (3 horas por dia x 80)
- Três anos e meio a comendo. (1 hora por dia x 80)
- Seis meses de espera em sinais de trânsito. (15 minutos por dia x 80)
- Dez anos vendo televisão e a olhando para aparelhos tecnológicos. (3 horas por dia x 80)
- Nove anos em chamadas telefônicas. (2,75 horas por dia x 80)
- Quatro anos de trabalho doméstico. (1,2 horas por dia x 80)
- Quatro anos de espera na fila ou à procura de um objeto no lugar errado. (1,2 horas por dia x 80)
- Quatro anos de atividades diversas que abrangem doença, viagens, etc. (1,2 horas por dia x 80)
- Nove anos de tempo de trabalho perdido. (2,8 horas por dia x 80)

O que está acima é uma aproximação e pode variar de pessoa para pessoa, mas nos faz pensar em reavaliar nossas prioridades na vida.

## TEMPO É MAIS PRECIOSO QUE DINHEIRO

Se hoje tivéssemos oitenta anos de idade, não restaria muito tempo. Quais são as coisas que "poderíamos ter", "deveríamos ter", ou "teríamos feito" mais? São palavras de arrependimento. A vida é uma rua de mão única — só podemos avançar, não podemos voltar atrás. **A vida não vem com um botão de reiniciar.**

O tempo é um bem perecível e a gestão é o manuseio do tempo. O nosso tempo nesta terra é finito. É limitado. O relógio não para e as coisas continuam mudando. Todos nós temos escolhas e decisões a tomar. O sucesso ou fracasso na vida depende da nossa capacidade e/ou incapacidade de gerir o tempo. A má gestão do tempo leva ao estresse. A falta de prioridades leva à falta de foco e desorientação, o que, por sua vez, leva ao caos.

Alguns dos maiores realizadores do mundo tiveram a mesma quantidade de tempo que nós, mas eles o usaram bem e foi isso que os fez ter o seu melhor desempenho. O tempo não pode ser fabricado. Não pode ser usado de forma rápida ou lenta. Não pode ser emprestado ou concedido. Parece que passa rapidamente quando estamos nos divertindo e arrasta-se quando nos sentimos presos.

Para realizar qualquer coisa, precisamos de tempo. Sempre que há perda de tempo, a perda é permanente. O tempo é insubstituível e, portanto, indispensável. O que fazemos com o nosso uso do tempo, abuso ou perda, depende de nós. Não pode ser armazenado ou poupado, acumulado ou transportado. Quanto melhor o uso do tempo, maior a realização e mais gratificante é a vida. Infelizmente, as pessoas esquecem o óbvio; a única coisa que não pode ser reciclada é o desperdício de tempo. Uma vez desaparecido, está perdido para sempre.

**Lembre-se, tempo é mais precioso que dinheiro**. Precisamos nos perguntar se estamos gastando ou investindo tempo. Um dia bem utilizado é um dia ganho, o que significa um dia bem investido. Um dia mal utilizado é um dia perdido, o que significa um dia gasto e perdido para sempre.

Não me interessa em que filosofia se acredita, temos apenas uma oportunidade neste jogo chamado vida. **Essa vida não é um ensaio e as apostas são muito altas**. Ao contrário do jogo de futebol, onde podemos substituir os jogadores, no jogo da vida temos de jogar o nosso próprio jogo.

**Por que o tempo é mais precioso do que o dinheiro?**

- O tempo investido pode criar dinheiro, dinheiro investido não pode criar tempo.
- O dinheiro pode ser emprestado, roubado ou transferido; o tempo não pode ser comprado, vendido, negociado ou transferido.
- O dinheiro pode ir e voltar, o tempo não.
- O dinheiro pode ser doado, mas o tempo não.
- O dinheiro pode ter variações, o tempo não.
- Podemos medir o balanço do dinheiro até ao último centavo, mas o balanço do tempo não pode ser medido. Ninguém sabe quanto tempo nos resta.

> O tempo nos ensina o valor da vida, a vida nos ensina o valor do tempo.

**Qual é o Valor do Tempo?**

*Para perceber o valor de* ***UM ANO****,*
*pergunte a um aluno que tenha falhado em uma matéria.*
*Para perceber o valor de* ***um mês****,*
*pergunte a uma mãe que deu à luz um bebê prematuro.*
*Para perceber o valor de* ***um dia****,*
*pergunte à pessoa que nasceu a 29 de fevereiro.*
*Para perceber o valor de* ***uma hora****,*
*pergunte a uma pessoa que esperou pelo seu amado.*
*Para perceber o valor de* ***um minuto****,*
*pergunte a uma pessoa que perdeu o trem.*

*Para perceber o valor de **um milissegundo**,*
*pergunte à pessoa que ganhou uma medalha de prata nas Olimpíadas.*
ANÔNIMO

**Alguns grandes desperdícios de tempo para evitar são os seguintes:**

1. Indecisão
2. Procrastinação
3. Organização fraca ou desorganização
4. Falta de prioridades
5. Falta de planejamento ou planejamento inadequado
6. Interrupções não planejadas
7. Implementação defeituosa levando à perda, duplicação ou gerenciamento de crise
8. Erros evitáveis ou descuidados
9. Reuniões desnecessárias ou ineficazes
10. Combate a incêndios ou gestão de crises constantes
11. Nenhuma delegação ou delegação ineficaz
12. Falta de clareza dos papéis e objetivos (falta de foco)
13. Mau uso e uso desnecessário do tempo de viagem
14. Tempo de espera
15. Comunicação deficiente

**Todos os desperdiçadores de tempo se encaixam nestas duas categorias:**

1. São autogerados — dentro do nosso controle;
2. Estão além do nosso controle, isso pode ser externo ou imprevisto.

**Os desperdícios de tempo autogerados são internos e resultam do seguinte:**

- Falta de planejamento
- Falta de disciplina

- Falta de confiança
- Falta de autoestima

**Um exemplo de um imprevisto (fora do controle da pessoa) de desperdício de tempo poderia ser:**

Uma árvore desmorona no meio da estrada, levando a um engarrafamento. Agora você está preso e não consegue chegar ao seu destino a tempo.

## PROCRASTINAÇÃO

Um dos maiores desperdiçadores de tempo é a **procrastinação.**

> A procrastinação rouba tempo, destrói a iniciativa e arruína vidas.

**O adiamento injustificado** é chamado de **procrastinação**, o que significa "não fazer o que é importante", o que **poderia ser** feito, **deveria ser** feito e **teria que ser** feito. Não fazer o que deve ser feito é um comportamento injustificado e irresponsável. É a prática de fazer o que é fácil e prazeroso e não o que é importante.

**Adiamento justificado** não é chamado de procrastinação tal como:

1. Estou à espera de informações, por isso não posso preparar o meu relatório.
2. O médico está à espera de relatórios de sangue, então não pode iniciar o tratamento.

Se **algo poderia ser feito**, mas não o fizemos, é comportamento descuidado.

Se **algo deveria ser feito**, mas não o estamos fazendo, é **teimosia.**

**Por que as pessoas procrastinam?**

A maior explicação do porquê as pessoas procrastinam é o comportamento escapista. Elas não têm coragem para enfrentar a situação. Por isso, continuam adiando. Quanto mais adiarem, maior o preço, maior a perda.

**Pode haver várias razões para adiar as coisas:**

1. Comportamento irresponsável
2. Falta de foco
3. Evitar uma tarefa desagradável
4. Falta de prioridade
5. Fazer o que é fácil e não o que é importante
6. Comportamento indeciso
7. Medo de falhar
8. Estar deprimido ou desmotivado
9. Nada para esperar na vida
10. Fadiga
11. Abordagem casual
12. Não dar a devida importância às coisas essenciais
13. O esquecimento ou a simples preguiça podem ser outras razões no meio de uma série delas.
14. Inércia

Um GRANDE obstáculo é a **inércia**, ou não começar. O desinteresse em iniciar uma determinada tarefa é um dos principais fatores de procrastinação.

## INDECISÃO E PROCRASTINAÇÃO

Indecisão e procrastinação roubam tempo, drenam energia e arruínam vidas. A maioria das pessoas não compreendem que a energia necessária para procrastinar é muito superior à necessária para realizar a tarefa. Decisões atrasadas ou adiadas podem reduzir a produtividade e ter um efeito agravante.

Quando adiamos o que estamos realmente fazendo, estamos adiando as coisas que têm de ser feitas em tempo hábil.

> Completar o trabalho nos energiza, enquanto deixar o trabalho incompleto drena nossa energia.

**Você sabe o custo da procrastinação?**
**É enorme!**

- **Sobre as finanças**
- **Sobre a saúde**
- **Sobre relacionamentos**
- **Sobre o desenvolvimento de competências**

O efeito agravante da negligência de tudo isso é enorme.

**Como superar a procrastinação?**
Estamos permanentemente abaixo do esperado ou fracassamos porque continuamos a adiar as coisas na vida? Se sim, então aqui estão alguns passos que nos ajudarão a superar o hábito negativo:

- Passo 1. Consciência e reconhecimento do hábito
- Passo 2. Avaliação do custo físico, financeiro e mental
- Passo 3. Decidir e comprometer-se a livrar-se dele
- Passo 4. Superar a inércia e começar a trabalhar

As palavras mais tristes da vida são:

- Pode ter sido...
- Eu devia ter...
- Eu poderia ter...
- Quem me dera ter...
- Se ao menos eu tivesse dado um pequeno extra...

> Nunca deixe para amanhã o que você pode fazer hoje.
>
> BENJAMIN FRANKLIN

Tenho a certeza de que todos os realizadores queriam procrastinar, mas nunca chegaram a fazê-lo. Quando alguém diz: "Vou fazê-lo qualquer dia desses", podemos ter a certeza de que significa "nenhum dia desses".

Se estamos à espera de que todas as luzes fiquem verdes antes de sairmos de casa, então vamos ficar em casa. Por quê? Porque elas nunca vão ficar todas verdes, e nós nunca vamos sair de casa. Isso nunca vai acontecer e nós falhamos mesmo antes de começarmos.

***Tenha o hábito de fazer isso agora***

*Ele dormiu sob a lua,*
*ele se banhou sob o sol,*
*ele viveu uma vida de ter de fazer*
*e morreu sem nada fazer.*

JAMES ALBERY

*Pare de procrastinar:*
*não está na hora de adiarmos o "adiamento"?*

# PLANO DE AÇÃO

- Por favor, classifique-se nos seguintes desperdiçadores de tempo em uma escala de 1-10 (1 sendo o menor e 10 o mais alto):

| | | |
|---|---|---|
| i. | Indecisão | 1 2 3 4 5 6 7 8 9 10 |
| ii. | Procrastinação | 1 2 3 4 5 6 7 8 9 10 |
| iii. | Organização fraca ou desorganização | 1 2 3 4 5 6 7 8 9 10 |
| iv. | Falta de prioridades | 1 2 3 4 5 6 7 8 9 10 |
| v. | Falta de planejamento ou planejamento inadequado | 1 2 3 4 5 6 7 8 9 10 |
| vi. | Interrupções não planejadas | 1 2 3 4 5 6 7 8 9 10 |
| vii. | Implementação defeituosa levando à perda, duplicação ou controle de danos | 1 2 3 4 5 6 7 8 9 10 |
| viii. | Erros evitáveis ou descuidos | 1 2 3 4 5 6 7 8 9 10 |
| ix. | Reuniões desnecessárias ou ineficazes | 1 2 3 4 5 6 7 8 9 10 |
| x. | Combate a incêndios constantes ou gestão de crises | 1 2 3 4 5 6 7 8 9 10 |
| xi. | Nenhuma delegação ou delegação ineficaz | 1 2 3 4 5 6 7 8 9 10 |
| xii. | Falta de clareza dos papéis e objetivos | 1 2 3 4 5 6 7 8 9 10 |
| xiii. | Uso desnecessário e pobre do tempo de viagem | 1 2 3 4 5 6 7 8 9 10 |
| xiv. | Tempo perdido à espera | 1 2 3 4 5 6 7 8 9 10 |
| xv. | Comunicação deficiente | 1 2 3 4 5 6 7 8 9 10 |

- Faça uma lista das suas prioridades na vida, depois defina os seus objetivos em conformidade.

i. ___________________________________________
ii. ___________________________________________
iii. ___________________________________________
iv. ___________________________________________
v. ___________________________________________

- Avaliar o custo. Cinco anos depois, quais você acha que seriam os efeitos prejudiciais da procrastinação nos seguintes setores:

i. Saúde
ii. Trabalho
iii. Família
iv. Intelecto
v. Emoções
vi. Vida social
vii. Finanças

- Com quais três ações você se compromete para ajudá-lo a gerir melhor o seu tempo?

i. ___________________________________________
ii. ___________________________________________
iii. ___________________________________________

# 21
# Seja proativo — Faça acontecer!

*A maior realização de uma pessoa em sua vida não é medida pelo que ela tem, mas pelo que ela se tornou.*

## UM APOIADOR OU UM CONQUISTADOR?

Em 1985, Bob Munro voluntariou seu tempo para ir e servir nas favelas mais pobres da África em nome das Nações Unidas. Ele adorava futebol. Um dia, ele estava passando pelos bairros degradados de Mathare, em Nairobi, no Quênia, que é uma das zonas mais pobres do mundo, onde mais de um quarto de milhão de pessoas vivem na mais abjeta pobreza e falta de higiene. Ele viu algumas crianças jogando futebol, com os pés descalços, em total sujeira e imundície — elas não estavam realmente jogando futebol, mas chutando umas às outras. Ao ver uma das crianças chutar a outra, ele imediatamente gritou: "Falta", e o jogo parou. Ele saiu do carro e, sendo um homem branco, obviamente destacou-se. Como amante ardente do futebol, ele disse: "Não é assim que se joga futebol". Ele pegou na bola e disse aos rapazes: "Amanhã vou trazer outra bola e ensinar vocês a jogar futebol". No dia seguinte, seiscentas crianças estavam lá para jogar futebol. Ele estabeleceu uma regra de que só as crianças que limpassem o local poderiam brincar. Começou um grupo de voluntários para autoajuda e disse: "Aqueles que querem jogar futebol na minha equipe precisam limpar". As crianças se envolveram e começaram a limpar as favelas e, por amor ao futebol, lentamente toda a área foi limpa. Com o passar do tempo, ele desenvolveu equipes para jogar. Ele desenvolveu árbitros a partir de dentro. Adivinha qual foi o resultado em quatro anos?

O seleção nacional queniana de futebol emergiu das mesmas favelas de Mathare. Bob Munro criou milhares de equipes de futebol a partir daí, mas as regras são únicas. As regras são muito claras: todos os jogadores desses times de futebol devem contribuir com sessenta horas de trabalho social e serviço comunitário por mês. Só assim poderão jogar. Eles ganham pontos adicionais não por ganhar um jogo, mas por completar um projeto de serviço comunitário, como limpeza, aconselhamento e ajuda a outros. Ele criou oito mil voluntários a partir deste sistema de serviço comunitário através do amor ao futebol.

As regras do jogo são bastante interessantes. Se houver um argumento ou divergência de opinião, apenas o capitão fala, e o resto deve permanecer em silêncio e obedecer. Se alguém se portar mal, a equipe perde, independentemente do resultado. Os jogadores são literalmente responsáveis pelo comportamento de toda a equipe. As regras dos prêmios são ainda mais interessantes. O único prêmio não é um troféu, mas bolsas de estudo para cem crianças, que devem ser doadas entre a comunidade. Isso tem acontecido nos últimos vinte anos. Que mensagem inspiradora. Que maneira de viver!

O vale de Mathare ganhou dois prêmios ambientais por limpeza. Essas crianças provavelmente não são graduadas na universidade, mas têm a motivação de ser proativas e servir à sociedade. Munro fez com que o impossível acontecesse por ser proativo. Não só transformou a área, mas lhes mostrou um modo de vida. Ele criou uma equipe inteira de pessoas proativas.

> Seja proativo e faça o impossível acontecer!

**Regra cardinal para se viver: se queremos viver uma vida feliz e gratificante, então devemos sempre ajudar quando podemos ajudar alguém.** Quando podemos ajudar, mas não o fazemos, nunca nos sentimos bem conosco. Ao não ajudar, vivemos com um sentimento de culpa e arrependimento.

**Aprenda a responder, não a reagir. Seja proativo, não reativo.** Quando tomamos um medicamento prescrito por um médico, ele pergunta: "Qual foi o resultado?". Se dissermos que está causando uma reação, ele vai nos pedir para pararmos imediatamente o consumo, pois é perigoso. Mas se dissermos que estamos respondendo bem, ele vai nos pedir para continuarmos com o medicamento. Ser proativo e ágil são ambos traços positivos.

### TORNE-SE PROATIVO — O QUE É BONDADE?

Se fizermos um inquérito e perguntarmos às pessoas: "Você é uma boa pessoa?", a maioria responderia com um "sim". Pergunte-lhes: "O que faz de você alguém bom?" e as respostas serão:

- Eu não faço trapaça, por isso sou bom.
- Eu não minto, então isso faz de mim bom.
- Eu não roubo, por isso sou bom.

Se analisarmos as razões acima, não há muita substância nelas. Pense na pessoa que diz: "Eu não faço trapaça". Bem, isso só significa que ele não é um trapaceiro, mas isso não o torna bom.

E a pessoa que diz: "Eu não minto", só quer dizer que não é mentirosa, mas isso também não a torna boa.

Uma pessoa que diz: "Eu não roubo", só significa que não é um ladrão, mas isso também não o torna bom. **Uma pessoa torna-se boa quando realmente faz o bem em vez de não fazer o mal.**

Vá perguntar a um médico, ele vai nos dizer que **a ausência de saúde não significa boa saúde.** Da mesma forma, a ausência de falhas não torna uma pessoa boa. Uma pessoa só se torna boa quando realmente faz o bem. Isso se chama **ser proativo.**

*Realizadores são conquistadores — eles fazem as coisas acontecerem!*

# PLANO DE AÇÃO

- Escreva três casos em que você foi reativo, e indo em frente se tornaria proativo:

i. ____________________________________________

ii. ____________________________________________

iii. ____________________________________________

Você é o diretor executivo da sua vida. Tome decisões adequadas à sua posição.

# 22

# Tome decisões

A fim de começarmos efetivamente a jornada da vida, precisamos definir:

- Os nossos valores
- A qualidade de vida para a qual precisamos tomar decisões sábias

> Tome decisões oportunas e tenha ações oportunas.

Antes de tomarmos qualquer decisão na vida, devemos esclarecer as seguintes três coisas:

1. As regras do jogo
2. As apostas envolvidas
3. O tempo para sair — quando sair

Mais importante do que a decisão é o processo de tomada de decisão. Por quê? Porque se o processo estiver certo, as chances são de que a maioria das suas decisões dê certo.

> Levantar-se por algo e sentar-se, ambos exigem coragem, mas saber quando fazê-lo requer sabedoria.

### MATURIDADE DA CAPACIDADE DE TOMADA DE DECISÃO

Por que existe tanta disparidade na compensação em qualquer organização?

A disparidade de compensação **não existe por causa das horas que dedicamos, mas por causa da maturidade da nossa capacidade de decisão.**

Havia dois amigos que andavam juntos na escola. Quando cresceram, um deles tornou-se primeiro-ministro do rei e o outro tornou-se barqueiro. O barqueiro sempre sentiu ciúmes do primeiro-ministro, especialmente porque eles frequentavam a mesma escola e, em certa época, eram colegas. Ele costumava justificar seu ressentimento perguntando: "Que qualificação o primeiro-ministro tem que eu não tenho? Porque é que ele é o primeiro-ministro e eu sou apenas um barqueiro, apesar das mesmas qualificações acadêmicas?". Ele estava sempre com ciúmes.

Certa vez, o rei decidiu ir à floresta para sua reunião anual de planejamento estratégico. Tiveram de atravessar o rio. O rei escolheu o barco deste homem. Durante todo o tempo em que o barqueiro remava seu barco, em seu coração ele ficava ressentido com o primeiro-ministro por estar com o rei. Eles chegaram ao outro lado do rio e montaram o acampamento. À noite, todos se retiraram para as suas respectivas tendas. De repente, das trevas, o rei ouviu um grito. Ele saiu, viu o barqueiro sentado e pediu-lhe para verificar sobre o que era o choro. O barqueiro foi até lá, viu que havia uma gata, voltou e informou o rei. O rei perguntou:

— Que tipo de gato é esse? Doméstico ou selvagem?

O barqueiro disse:

— Não verifiquei isso, vou voltar e descobrir.

Então ele verificou, voltou e disse:

— É uma gata doméstica.

O rei perguntou:

— Por que está chorando?

O barqueiro disse:

— Não sei. Não verifiquei isso. Vou verificar.

Ele foi outra vez, voltou e disse:

— A gata teve gatinhos.

O rei perguntou:

— Quantos gatinhos?

O barqueiro disse:

— Não contei. Não verifiquei isso. Vou verificar.

Ele verificou e voltou e disse:

— Teve quatro gatinhos.

O rei perguntou:

— De que cor eram eles?

A mesma resposta:

— Não verifiquei. Vou verificar e voltarei.

Então ele voltou desta vez e disse:

— Há dois pretos e dois brancos.

O rei perguntou:

— De que cor é a gata?

Ele disse:

— Não verifiquei.

Outra vez aconteceu a mesma coisa. Ele voltou e disse que a gata é meio preta e meio branca. O rei perguntou:

— O que fez quanto a isso?

Ele disse:

— Nada. Vou fazer alguma coisa agora.

Nessa altura, o rei o impediu. Ele disse:

— Fica aqui e vê.

Chamou, então, o primeiro-ministro, e disse-lhe para descobrir de onde vinha o grito. O primeiro-ministro foi, voltou e disse:

— Meu Senhor, há uma gata doméstica, meio preta e meio branca, que deu à luz quatro gatinhos, dois pretos e dois brancos. Eles estão se alimentando da mãe e há comida suficiente para a gata também. Eu bloqueei o lugar para que ela fique confortável do outro lado e não venha para o nosso. Por favor, vá dormir. Seja como for, vou ficar de olho nela de qualquer maneira.

O rei só disse uma coisa ao barqueiro:

— Todo o tempo que você estava remando o barco para nos trazer aqui, eu podia sentir o seu ressentimento. Agora percebe por que ele é o meu primeiro-ministro e você não? A diferença é que o que você não pode fazer em várias viagens, apesar de ser instruído, ele fez em uma única viagem!

A maturidade de sua capacidade de tomar decisões determina se você alcançaria ou não uma determinada posição na vida.

## SUPOSIÇÕES ATRAPALHAM DECISÕES

Certa vez, o presidente de uma empresa de um bilhão de dólares estava para contratar um ceo. Após o processo de triagem inicial e uma série de entrevistas, o seu chefe de rh pré-selecionou uma pessoa que era bem qualificada, na sua opinião. O terreno estava preparado para ele receber a carta de nomeação. Era costume o presidente entregar a carta em um almoço especial. Depois de se sentarem confortavelmente, ambos pediram sopa. Quando a sopa foi servida, o potencial ceo começou a adicionar sal nela, sem degustá-la. O almoço acabou e ninguém falou sobre a carta de nomeação. Apertaram as mãos e separaram-se com as palavras do presidente:

— O nosso RH entrará em contato.

Após o seu regresso, o presidente informou o chefe do RH de que o candidato tinha sido rejeitado. Todos ficaram surpreendidos, mas quem poderia questionar a decisão do presidente? O chefe do RH, por curiosidade, pediu ao presidente que explicasse o motivo da rejeição do candidato preferido. O presidente narrou todo o incidente da reunião do almoço e disse:

— Eu questiono a maturidade da capacidade de tomada de decisão de uma pessoa que acrescenta sal sem antes provar a sua comida. Por que uma pessoa faria isso? Que tipo de decisão é essa? Eu posso entender alguém adicionando sal depois de provar sua sopa, mas não consigo entender a adição sem provar. Isso mostra que ele tomou uma decisão sem ter verificado os fatos em primeiro lugar. A questão é, ele é o tipo de pessoa que queremos para chefiar a nossa organização? Se assim for, estamos seguindo para o desastre.

O chefe de RH perguntou:

— Essas pequenas coisas importam?

O presidente disse:

— Acha mesmo que isso é pequeno? Se isso é pouco na sua opinião, deve ser o próximo a ir.

**A moral da mensagem do presidente é muito clara:**

1. **Verifique os fatos antes de tomar uma decisão.**
2. **Não faça suposições, pois isso prejudica a sua capacidade de tomada de decisão.**

Todas as manhãs acordamos e, quer nos apercebamos ou não, tomamos centenas de decisões, incluindo de que lado da cama queremos sair, que roupa queremos vestir, o que queremos comer no café da manhã, que caminho tomar para o escritório, etc.

Por que é que as pessoas não tomam decisões? É devido ao medo de cometer um erro ou tomar uma decisão errada. Assim, elas mantêm um status quo, ou seja, não fazem nada. Ficam inativas sem perceberem de que, na vida, não só somos penalizados pelas nossas ações, mas também pelas nossas inações. A indecisão leva à inação. Quer percebamos disso ou não, a indecisão é também uma decisão. Eu decido não decidir. **A janela de oportunidade não permanece**

**aberta para sempre. Requer a decisão certa no momento certo.**

A indecisão é chamada de paralisia mental, que vem da falta de confiança, da natureza descomprometida e da posição em cima do muro. Uma vida de sucesso está cheia de decisões.

Um jornalista perguntou a um executivo de grande sucesso:

— Qual é o segredo do seu sucesso?

Ele disse:

— Duas palavras: boas decisões.

Então o jornalista perguntou:

— Como você aprendeu a tomar boas decisões?

O magnata dos negócios disse:

— Uma palavra: experiência.

Então o jornalista perguntou:

— Como você conseguiu a experiência para tomar boas decisões?

Ele disse:

— Duas palavras: más decisões.

As pessoas bem-sucedidas não procuram evitar tomar decisões. Quando tomamos posse, a tomada de decisões torna-se mais fácil.

> Ser um bom trabalhador não significa necessariamente que seja um bom tomador de decisões.

### O PIOR TIPO DE DECISÃO É A INDECISÃO

Um agricultor tinha uma pessoa muito boa e trabalhadora na sua fazenda de batatas. Este trabalhador tinha a maior produção, o agricultor ficou impressionado e promoveu-o ao nível de supervisor. Agora, como supervisor, o papel dessa pessoa era segregar as batatas em três categorias com base na sua qualidade, da mais alta à média e à mais baixa. O agricultor fez a sua explicação para fazer com que o trabalhador começasse a esperar pela produção semelhante no final do dia. Para sua surpresa, à noite esse trabalhador ainda estava sentado com o mesmo monte de batatas que tinha de manhã, sem que nada fosse feito. O agricultor perguntou a razão. O trabalhador disse: "Estou bastante confuso; não consigo decidir qual delas vai para onde".

A história acima deixa claro que trabalhar duro é uma coisa, enquanto a tomada de decisão é outra. O trabalhador trabalhou o dia todo, deixou-se desperdiçar tempo, mas não conseguiu mover uma batata. Talvez estivesse nervoso por tomar uma decisão errada. A sua incapacidade de tomar uma decisão resultou numa perda total.

O que por vezes impede as pessoas de tomar decisões é ser demasiado cauteloso. As pessoas que são muito cautelosas são também avessas aos riscos, não percebendo de que tudo na vida é um risco.

- Quando nascemos, é um risco.
- Se achamos que a ação é arriscada, tente a inação e veja como isso é arriscado.
- Investir é arriscado, mas tente não investir, é duas vezes mais arriscado.
- Casar-se é arriscado, ter filhos é arriscado, não casar é arriscado, e não ter filhos é arriscado.

O que não é arriscado? Nada na vida.

Quando é que se deve correr um risco na vida? Só quando estes três elementos estão presentes:

1. Quando a vantagem está aberta, grande e lucrativa.
2. A desvantagem é limitada e pode-se sustentar a perda.
3. As probabilidades estão a nosso favor e a probabilidade do sucesso é grande.

As pessoas podem sofrer de inação. Responsabilidade e ação imediata andam juntas. O objetivo de tomar uma atitude corajosa é resolver desafios em vez de prolongar a indecisão. Algumas pessoas querem passar a vida jogando pelo seguro, na esperança de chegarem à morte em segurança. São cadáveres vivos. Temos de aprender a viver segundo esta filosofia: **viva enquanto estiver vivo**. Não é apenas a duração das nossas vidas que importa, mas a qualidade das nossas vidas e a forma como as vivemos.

As pessoas que sofrem de inação continuam a perguntar antes de tomar uma decisão: "E se...". Estão presas nessa "armadilha", e não fazem nada. Elas entram num modo de inação e ficam paralisadas. Não significa que uma pessoa deva ser imprudente. A oportunidade só bate uma vez. A próxima pode ser melhor ou pior, mas nunca o mesmo. É por isso que é crucial tomar a decisão certa no momento certo. Quando somos atropelados por um carro, não é o momento de fazer a Análise SWOT ou avaliar as especificações do carro. É **hora de controlar os danos.**

*Quando você toma uma decisão, a natureza conspira para ajudá-lo a conseguir mais.*

# PLANO DE AÇÃO

- Pense em três casos em que você fez suposições e elas se mostraram incorretas.

i. ______________________________________________

ii. ______________________________________________

iii. ______________________________________________

- Aprendendo com os erros acima, descreva três maneiras pelas quais você gostaria de retificar sua capacidade de tomar decisões:

i. ______________________________________________

ii. ______________________________________________

iii. ______________________________________________

Se quisermos deixar um legado, então ou fazemos algo de que valha a pena escrever ou escrevemos algo que valha a pena fazer.

# 23

# Deixe um legado

Aqui estão **dois tipos de pessoas** neste mundo:

1. Aqueles que se lembram de nomes
2. Aqueles cujos nomes valem a pena recordar

> Os nossos antepassados nos dão o nosso nome, mas o respeito só vem do nosso comportamento.

Dinheiro, fama e poder são importantes, mas eles só podem comprar brinquedos caros e aumentar o seu ego, nada mais. É realmente o seu legado que conta.

O que Steve Jobs deixou? A resposta é: TUDO!

O que Roosevelt deixou? A resposta é: TUDO!

O que Warren Buffet e Bill Gates vão deixar? A resposta é: TUDO!

> A vida de um homem não se mede pelo seu comprimento, mas pela sua profundidade e pelo modo como é gasta. Os atores causam uma impressão, as grandes pessoas causam um impacto.

### SEJA LEMBRADO DEPOIS QUE VOCÊ FOR

Uma vez um homem idoso, chamado Johnson, morreu. Na verdade, ele era o homem mais velho da aldeia. Para homenageá-lo, um jornalista local quis escrever algo sobre ele em seu jornal. Uma vez que o falecido não tinha feito nada que que pudesse ser chamado de realização, ele apenas escreveu: "sr. Johnson realmente não fez nada terrivelmente ruim ou errado. Ele não era um bêbado nem foi para a prisão".

### HONRANDO O DESONROSO

Quando certo criminoso político muito corrupto morreu, não havia nenhuma pessoa na cidade que ele não tivesse prejudicado de uma forma ou de outra. Havia uma grande procissão a seguir ao seu cadáver para realizar os últimos ritos. Um homem que passava viu a multidão incomumente numerosa, parou e perguntou a uma das pessoas:

— Não sabe a reputação desse homem que morreu? Ele foi a maior desgraça da humanidade. Por que é que todos vocês irão realizar os últimos ritos, já que tais reuniões só acontecem por respeito a uma alma nobre?

O homem respondeu:

— Você tem toda a razão. Mas todos nós vamos ao funeral não para prestar qualquer respeito, mas para nos certificarmos de que ele está realmente morto.

Alguém disse uma vez: "Nunca matei ninguém, mas já fui a alguns funerais de que realmente gostei."

Que legado! É assim que se vive ou é assim que se morre?

Um vigarista morreu e, no funeral, o ministro que estava fazendo um discurso, disse:

— John era um grande homem, um marido maravilhoso, um pai formidável e um homem honrado.

A viúva ligou rapidamente ao filho e disse:

— Filho, verifique se não há confusão nos caixões.

Mark Twain disse uma vez: "Eu não fui ao funeral, mas enviei uma carta simpática dizendo que eu o aprovei".

Em um sistema corrupto, decorar e dar prêmios aos indignos torna-se uma prática comum. Pode ser uma forma de recompensar os bajuladores. Os merecedores ficam privados porque não têm um padrinho. A questão que se coloca é: que tipo de cultura é essa? Que exemplos estamos dando para as próximas gerações?

## TRAIDOR HONRADO

Até o final da década de 1950, o crescimento da economia das Filipinas foi um dos mais elevados da Ásia Oriental.

No entanto, sob a liderança do presidente Ferdinand Marcos de 1965 a 1986, as Filipinas "ficaram atrás de outros países da região". Com a sua abundância de recursos naturais, como madeira, cocos, açúcar, bananas, borracha e minerais, e a sua mão-de-obra alfabetizada e trabalhadora, as Filipinas deveriam ser uma das economias prósperas da Ásia hoje. Mas tornou-se "uma das economias com pior desempenho" entre a ASEAN.

- Carmen Navarro Pedrosa havia estimado que o presidente Marcos acumulou uma impressionante quantia de US$ 15 bilhões, que era mais da metade da dívida nacional do país.

O ministro sênior de Cingapura, Lee Kuan Yew, observou: "Somente nas Filipinas um líder como Ferdinand Marcos, que saqueou seu país por mais de vinte anos, ainda pode ser considerado para um enterro nacional. Montantes insignificantes do saque foram recuperados, mas sua esposa e filhos foram autorizados a retornar e se envolver na política. O general Fabian Ver, comandante-chefe de Marcos, havia fugido das Filipinas junto com Marcos em 1986. Quando morreu em Bangcoc, o governo de Estrada deu honras militares gerais no seu enterro."[28]

Não há algo de errado com os valores de uma nação que pode honrar um traidor, que saqueou a nação, em vez de colocá-lo na cadeia? Não estamos assistindo a um comportamento semelhante ou ainda pior nos países do terceiro mundo? Não admira que sejam chamados de terceiro mundo, porque se comportam como terceira classe.

Quando um político corrupto morre, o seu nome não deve aparecer no Obituário. Em vez disso, deve aparecer na coluna de Melhoria Pública nos jornais.

**Tenha uma Visão!**

## O QUE É UMA VISÃO?

**Visão** é a capacidade de ver o invisível. Se conseguirmos ver o invisível, podemos alcançar o impossível. Todos os grandes realizadores tinham uma visão, bem como a capacidade de ver o invisível. A visão é o ponto de partida para qualquer realização.

> Uma pessoa visionária é aquela que pode ver o que os outros não podem ver.

Pessoas com visão estreita nunca podem ter um coração grande. Pessoas com espíritos estreitos nunca conseguem alcançar grandes coisas na vida.

Diz-se que Walt Disney queria criar a Disney World em Orlando, EUA. A construção avançou a todo o vapor, mas, antes da abertura,

28. <http://globalbalita.com/2011/01/10/lee-kuan-yew-on-filipinos-and-the-philippines/>.

Walt Disney morreu. No dia da abertura, dois dos executivos estavam a falar entre si e um disse:

— É pena que Walt não esteja vivo para ver tudo isso.

O outro respondeu:

— Ele já viu tudo isso, por isso você e eu estamos aqui.

Esse é o poder da visão.

Diz-se muito apropriadamente que: "onde não há visão, as pessoas perecerão." A humanidade deve seu progresso aos visionários que tiveram grandes ideias e deixaram legados. Cientistas, artistas, poetas e filósofos são os arquitetos do mundo. Eles enriquecem o mundo através das suas vidas. Sem os seus esforços, a humanidade seria muito mais pobre.

Aqueles que têm uma visão sublime irão um dia convertê-la em realidade.

Infelizmente, muitas pessoas têm visão, mas nunca agem com base nela. Portanto, **visão sem ação é alucinação, visão com ação é convicção.**

- Michelangelo, o grande escultor italiano, tinha a visão da estátua de David.
- Lee Kuan Yew, o primeiro primeiro-ministro de Cingapura, tinha a visão de uma nação próspera.
- Buda, fundador do budismo, teve a visão de um mundo espiritual e pacífico.
- Devemos valorizar e nutrir a nossa visão e fazer todos os esforços para traduzi-la em realidade.

O potencial de uma árvore gigante está escondido em uma pequena semente. Da mesma forma, a manifestação da realidade parte de uma visão sublime. A pessoa que tem uma visão e propósito claros, com um plano de ação definido, não pode ser parada. O sonhador tem que ir além do seu sonho; ele também tem que ser um realizador. Algumas pessoas apenas sonham com grandes realizações, enquanto outras ficam acordadas e as fazem.

Em 1960, John Kennedy disse:

— Vamos pôr um homem na lua nesta década.

Adivinha qual foi a reação? As pessoas diziam:

— Não pode ser feito.

Foi chamado de irrealista. Nunca tinha sido feito por ninguém antes. De fato, um dos cientistas chegou ao ponto de dizer que eram necessários vários milhões de decisões, atividades e coordenação para fazer isso. Havia razões suficientes para não tentar, para esquecer de fazer. Mas Kennedy pensou diferente. Ele sentiu que os Estados Unidos tinham a oportunidade de ser os primeiros. As pessoas diziam:

— Não temos recursos.

Kennedy disse:

— Vamos nos tornar engenhosos.

A visão e o compromisso de Kennedy foram tão grandes e fortes que mobilizaram toda a comunidade científica para fazer o que fosse necessário para transformar a sua visão em realidade.

## VIVER NO PRESENTE, MAS COM UMA VISÃO DE FUTURO

Precisamos desfrutar dos nossos momentos presentes, porque estes são os únicos em que podemos viver. Precisamos desfrutar dos presentes que temos — nossa saúde, família, amigos e o nosso trabalho. Ao mesmo tempo, enquanto se aproveita o presente, é preciso mover-se na direção certa para garantir um futuro mais brilhante.

Durante mais de meio século, os suíços foram os principais fabricantes de relógios do mundo. Em meados dos anos sessenta, a tecnologia digital foi introduzida e patenteada pelos suíços, mas a indústria relojoeira a rejeitou em favor da tecnologia tradicional, que incluía rolamentos de esferas, engrenagens e molas principais. Eles não perceberam que o mundo estava pronto para algo novo. A Seiko, uma empresa japonesa, teve a visão de prever o futuro, pegou a patente digital e literalmente se tornou a empresa líder mundial na fabricação de relógios da noite para o dia. Quase 80% dos fabricantes de relógios cessaram suas atividades de um dia para o outro na Suíça, até que a Swatch Watches reconheceu a oportunidade, se recuperou e recuperou a sua quota de mercado.

> Uma visão de longo prazo tem a capacidade de ver para além do óbvio.

**Por que razão um agricultor lavraria o campo e plantaria a semente se não conseguisse ver os resultados da colheita?** Visão é a capacidade de ver as coisas que não existem hoje em dia. Cada edifício foi visto em uma visão antes de se tornar uma realidade física. Não podemos começar a assentar tijolos sem termos uma imagem clara do edifício. Se alguém perguntar: "O que está fazendo?". Não podemos dizer "não sei".

Se não puder ser visto mentalmente, então nunca poderá traduzir-se em realidade física. Quando devemos começar a construir a estrutura física? Só quando acabarmos de vê-la mentalmente.

> Os vencedores vivem todos os dias como se fossem o seu último, porque um destes dias vai ser, e não sabem qual deles será. Mas quando saem, saem como vencedores.

### A MEMÓRIA

**Muitas pessoas temem que a vida chegue ao fim, mas infelizmente para alguns ela nunca começa.** Alcançar o nosso potencial não significa apenas ajudar a nós mesmos, mas também servir a um propósito maior, que é servir ao mundo.

O sr. Smith, um professor idoso que tinha ensinado a John, o seu aluno favorito, os princípios do sucesso durante alguns anos, disse-lhe: "Por favor, venha buscar o último princípio na próxima semana." De acordo com o combinado, John apareceu na hora e tocou a campainha. Foi a filha do professor que abriu a porta. John perguntou se o sr. Smith estava em casa. A moça disse tristemente:

— Ele faleceu na semana passada. Ele não está mais aqui, mas você deve ser o John.

John disse:

— Sim, sou.

A filha disse:

— O meu pai deixou uma carta para você. Por favor, entre e leia.

John foi escoltado até a biblioteca da grande mansão, onde o sr. Smith costumava ler e escrever. John abriu a carta e começou a ler. Diz o seguinte:

> Querido John,
>
> Se você está lendo esta mensagem, obviamente significa que eu fui embora fisicamente para sempre, mas em espírito, eu estarei sempre com você. Eu queria compartilhar com você o princípio final do sucesso pessoalmente, mas a vida é assim. Não estamos neste planeta permanentemente. Eu aprendi com um homem sábio que, se você quiser deixar um legado, de fazer algo de que vale a pena escrever ou escrever algo que vale a pena fazer. Em outras palavras, uma vida com sentido deve ser proposital. Assim como um grande livro tem um grande fio de ligação ou um tema, os grandes homens têm uma fome profunda de propósito. Os bons seres humanos nunca morrem, apenas partem. Vivem para sempre através das suas boas ações. Os malandros morrem e isso é bom para nos livrarmos do lixo mau.
>
> A vida é curta, mas se for bem vivida, é boa. Parece que foi ontem, eu era criança e brincava com os meus amigos; brigávamos por pequenas coisas e depois percebemos que elas não importavam. Casei-me quando tinha 22 anos, com uma senhora maravilhosa que literalmente mudou a minha vida. Sou abençoado por ela ter entrado na minha vida. Os amigos

me perguntaram se casar aos 22 anos não era muito cedo. Minha resposta foi, se eu tivesse um botão de retrocesso na vida, eu me casaria dois anos antes com a mesma senhora. Sou abençoado com duas filhas e netos adoráveis que espero que se orgulhem da sua herança.

Nasci em berço de ouro, porque a minha família tinha minas de carvão, que mais tarde foram nacionalizadas e depois, literalmente, fomos para a rua. Comecei uma nova vida lavando carros, indo de porta em porta com um balde na mão por dois anos. Gradualmente, entrei na venda de aspiradores e passei a vender seguros de vida. Deus era bondoso. Entrei em três negócios, comprei uma empresa na Califórnia e comecei a operar em Nova Jersey sem clientes. Eventualmente, vendi a minha empresa com quase quinhentos clientes. Aprendi uma coisa: não há substituto para o trabalho árduo.

Fiz bem para mim mesmo, mas poderia ter feito melhor se tivesse me mantido focado. Ganhei muito dinheiro e também perdi muito. Mas, mais do que dinheiro, o que perdi foram as memórias que podia e devia ter criado para a minha família. Não parei de pensar que amanhã seria uma pessoa diferente, mas o amanhã nunca chegou. Não parei de pensar que iria me aposentar mais cedo, mas nunca o fiz.

Sempre senti que o tempo estava do meu lado. Eu era jovem e tinha todo o tempo que me restava, mas como eu era tolo, não conseguia ver o que era óbvio. Eu nunca percebi que o tempo não vem e vai embora, nós que viemos e vamos embora. Podemos sempre medir os saldos bancários até ao último centavo, mas ninguém sabe quanto tempo nos resta de saldo. Eu aprendi da maneira mais difícil que o tempo nos ensina o valor da vida e a vida nos ensina o valor do tempo. Se perdermos tempo, o tempo vai nos perder.

Estes são dois eventos sobre os quais não temos controle — quando entramos neste mundo e quando o deixamos; mas o que fazemos no meio é nossa escolha. O quão bem temos vivido é determinado pelo legado que deixamos para aqueles que nos seguem.

Quando comecei minha carreira, eu estava perdido, até que alguém me mostrou a direção que mudou minha vida. Desse dia em diante, aprendi que não há homem feito apenas por esforço próprio. Cada vida que tocamos, ou as fortalecemos ou enfraquecemos. Aprendi que, para qualquer grau de sucesso que alcançássemos, alguém contribuiu para isso.

Meu propósito na vida tem sido enriquecer a vida daqueles que vieram depois de mim e deixam esse mundo um lugar melhor do que eu encontrei. Então, eu decidi me tornar um professor e compartilhar os princípios do sucesso. Mas o mais importante foi que, todos os dias que ensinei, aprendi um pouco mais. Percebi que a pessoa que acaba por ensinar é a que mais aprende. Eu também aprendi que é muito mais fácil pregar do que praticar, mas todos os dias fazia todo o esforço para praticar o que eu ensinava. Aprendi que precisamos falar. Ao fazê-lo, ganhamos credibilidade.

John, lembre-se que os que pensam positivo sempre estiveram em minoria; mas sempre foram um exército de um só homem. Sempre que a mudança foi trazida, ela foi trazida por uma pessoa. As massas nunca trouxeram mudanças. Elas sempre o seguiram.

A maioria das pessoas morre antes de morrer. Elas desperdiçam suas vidas e, quando percebem que não têm muito tempo, se arrependem. Não me importa em que filosofia você acredita, temos uma chance neste jogo chamado vida e as apostas são muito altas. Não há botão de retrocesso. Esta vida não é um ensaio. Ao contrário do jogo de futebol, onde você pode substituir os jogadores, no jogo da vida, você tem que jogar seu próprio jogo.

A única coisa que é clara é que há apenas duas escolhas na vida — você pode viver por projeto ou viver por padrão. Muitas pessoas vivem as suas vidas como robôs. Elas vão para o trabalho, voltam, sem visão em suas vidas, e antes que percebam isso, seu fim chega. Os seus sonhos continuam por realizar, e eventualmente tornam-se pesadelos.

John, lembre-se, os vencedores não fazem coisas diferentes, fazem coisas de forma diferentes. Quanto mais cedo começar na vida, melhor será. Você é jovem. Tem uma vida inteira pela frente. Você pode alcançar grandes alturas se viver por projeto, não por padrão. Infelizmente, a maioria das pessoas morre com a música ainda dentro delas. Elas não viveram enquanto estavam vivas.

Se você projetar sua vida com base nos princípios do sucesso, você vai viver uma vida proposital e significativa. Viverá uma vida exemplar. As pessoas vão citar-lhe como exemplo. Vai se tornar um modelo a seguir. Os pais terão todo o gosto em dar o seu nome aos seus filhos. Não pergunte quantas pessoas lhe conhecem ou quantas você conhece. Pergunte-se, vale a pena conhecê-lo?

Se os outros querem viver uma vida mesquinha, que o façam. Mas você não. Por quê? Porque é meu aluno.

John, cada semente tem o potencial de começar uma floresta. Você planta uma árvore, ela vai dar mais sementes, que vai ajudar suas futuras gerações a plantarem mais árvores.

Lembre-se de mais uma regra cardinal pela qual viver: quando você pode ajudar os outros, você deve, ou nunca se sentirá bem consigo mesmo. Sentir-se bem é um resultado natural de fazer o bem e fazer o bem é um resultado natural de ser bom.

John, transforme o seu potencial em realidade. A minha vida tornou-se mais preenchida quando comecei a ensinar os princípios do sucesso para pessoas como você. Então, por sua vez, você pode ensinar ainda mais os princípios do sucesso para as próximas gerações. Fazer do ensino uma paixão.

John, você é como um filho. Sinto-me privilegiado por ter lhe conhecido e partilhado contigo o que aprendi com pessoas muito mais sábias do que eu. Fez-me um grande favor ao ser meu aluno. Fez-me professor. Sem você, não poderia ter deixado um legado.

John, os valores são inestimáveis. No momento em que você coloca uma etiqueta nos valores, eles perdem valor.

Lembrem-se que os perdedores contam os seus dias, os vencedores fazem os seus dias contar.

John, faça com que cada dia conte.

Com amor,

O seu professor,

Sr. Smith

(A carta acima reflete minha vida e carrega meus sentimentos por meus filhos e pelas gerações vindouras).

# PLANO DE AÇÃO

- Identifique três coisas que você gostaria de ser lembrado por:

i. ______________________________________________

ii. ______________________________________________

iii. ______________________________________________

- Escreva três ações que você se compromete a realizar para deixar um legado:

i. ______________________________________________

ii. ______________________________________________

iii. ______________________________________________

# Sucessos

UbK
Publishing House

## Como Liderar - 8 lições para iniciantes

Em oito lições simples, John Adair explica o básico sobre liderança de maneira clara, concisa e relevante. Para melhorar a natureza prática do texto, cada um dos capítulos é seguido por uma série de pontos-chaves e resumos preparados para incentivar você a se tornar um profissional mais capacitado  Em qualquer trabalho, chega o momento em que um profissional é solicitado a liderar outras pessoas. No entanto, embora ela esteja preparada em sua própria área de atuação, é normal sentir medo de encarar essa nova fase de sua carreira. Afinal, poucas pessoas são ensinadas a liderar. O que você precisa saber? Como liderar?

## Lições de liderança - 12 conceitos-chave

John Adair acredita que a liderança pode ser aprendida, que não depende de traços de personalidade. Com suas pesquisas e analisando os grandes líderes da história, ele tem ajudado a desmistificar a teoria do "líder predestinado".

Neste livro, Adair ensina sua teoria da Liderança Centrada na Ação, incentivando profissionais a focar em três aspectos: realizar a tarefa, estruturar e manter a equipe e suprir as necessidades individuais dos membros do grupo. Aprendendo e seguindo esses passos, segundo ele, qualquer um pode se tornar um líder eficaz.